Semiolinguística aplicada ao ensino

CÓPIA NÃO AUTORIZADA É CRIME
ABDR
ASSOCIAÇÃO BRASILEIRA DE DIREITOS REPROGRÁFICOS
RESPEITE O DIREITO AUTORAL

Glayci Xavier
Ilana Rebello
Rosane Monnerat
(organizadoras)

Semiolinguística aplicada ao ensino

editoracontexto

Diagramação
Gustavo S. Vilas Boas

Preparação de textos
Daniela Marini Iwamoto

Revisão
Lilian Aquino

Dados Internacionais de Catalogação na Publicação (CIP)

Semiolinguística aplicada ao ensino / organizado por Glayci
Xavier, Ilana Rebello, Rosane Monnerat ; Beatriz Feres...
[et al]. – São Paulo : Contexto, 2021.
192 p. : il.

Bibliografia
ISBN 978-65-5541-148-5

1. Semiolinguística – Estudo e ensino I. Xavier, Glayci
II. Rebello, Ilana III. Monnerat, Rosane IV. Feres, Beatriz

21-1873 CDD 410.18

Angélica Ilacqua CRB-8/7057

Índice para catálogo sistemático:
1. Semiolinguística – estudo e ensino

2021

EDITORA CONTEXTO
Diretor editorial: *Jaime Pinsky*

Rua Dr. José Elias, 520 – Alto da Lapa
05083-030 – São Paulo – SP
PABX: (11) 3832 5838
contexto@editoracontexto.com.br
www.editoracontexto.com.br

Ensinar é um exercício de imortalidade. De alguma forma continuamos a viver naqueles cujos olhos aprenderam a ver o mundo pela magia da nossa palavra. O professor, assim, não morre jamais...

Rubem Alves

A todos que procuram superar o medo e instaurar a esperança nas aulas de Língua Portuguesa.

Sumário

APRESENTAÇÃO ... 11

A SEMIOLINGUÍSTICA VAI PARA A ESCOLA ... 15

O nome *Semiolinguística* ... 15

O ato de linguagem e o contrato de comunicação ... 18

Na sala de aula... ... 30

Um passaporte para a interação com o mundo ... 39

O OLHAR DISCURSIVO
PARA UMA METODOLOGIA INTEGRADA ... 41

A Semiolinguística na sala de aula ... 42

A semiotização do mundo: do mundo real ao mundo significado ... 43

Na aula de Língua Portuguesa: "colocando a mão na massa" ... 47

Tela de Renoir ... 47

Peça publicitária antiga (1962) ... 49

A competência (socio)comunicativa ... 50

Aplicação prática: do mundo significado ao mundo interpretado ... 52

Classificação dos vocábulos sob perspectiva semântica e textual ... 53

Praticando "epilinguisticamente" ... 54

Dinamizando as aulas de Língua Portuguesa ... 56

UMA GRAMÁTICA DA EXPRESSÃO E DO SENTIDO ... 59
O que vale é a intenção? ... 60
Intencionalidade, expressão e sentido ... 63
Gramática do sentido e da expressão em perspectiva didática ... 71
Um conhecimento para além da forma e da função ... 77

DA INTERPRETAÇÃO À COMPREENSÃO DE TEXTOS ... 79
Texto e interação ... 80
Interpretar para compreender ... 82
Competência(s) leitora(s) ... 87
A necessária intervenção educacional para tempos melhores ... 94

OS MODOS DE ORGANIZAÇÃO DO DISCURSO ... 97
O modo enunciativo ... 100
O modo descritivo ... 107
O modo narrativo ... 110
O modo argumentativo ... 115
Ampliando a visão do professor ... 121

GÊNEROS DISCURSIVOS
ENTRE RESTRIÇÕES E LIBERDADES ... 127
Diálogos teóricos em torno do conceito de gêneros discursivos ... 130
Limites externos e internos dos gêneros:
tipo textual, domínio discursivo e suporte ... 134
A proposta semiolinguística ... 139
Da teoria para a sala de aula ... 147

SUBSÍDIOS PARA UMA PRÁTICA PEDAGÓGICA CENTRADA NA SEMIOLINGUÍSTICA ... 153

O ensino de gramática nos PCN e na BNCC ... 155

Uma proposta ancorada na gramática do sentido e da expressão ... 159

Concluindo e caminhando pelas pontes (sempre) em construção ... 178

BIBLIOGRAFIA ... 181

AS AUTORAS ... 187

AGRADECIMENTOS ... 189

Apresentação

Uma preocupação frequente entre professores em geral e estudantes de cursos de Licenciatura é encontrar meios de otimizar o ensino não só de Língua Portuguesa, mas também de outras disciplinas que se preocupam com a produção, a leitura e a compreensão de textos dos mais diversos gêneros. Além disso, é desejo daqueles que procuram se aprimorar diminuir a tão criticada distância entre teoria e prática. Por isso, longe de fornecer receitas prontas, este livro traz, por meio do aporte da Teoria Semiolinguística de Análise do Discurso, análises práticas perfeitamente possíveis de serem desenvolvidas em diferentes níveis de ensino.

Cabe, então, agora, perguntar o que é a Teoria Semiolinguística de Análise do Discurso e qual seu objeto de estudo. Por que *semio-* e *linguística*? Em primeiro lugar, é importante salientar que tal escopo teórico transcende a análise puramente linguística, alcançando outros tipos de linguagem e, com qualquer um deles, a relação texto/contexto. O termo *semio-* vem de *semiósis*, lembrando que a significação se constrói por meio de uma relação forma-sentido, vinculada à intencionalidade de ação e ao projeto de influência social de um sujeito; e o termo *linguística* indica que isso é feito por meio de um material linguageiro. É preciso destacar, contudo, que, ao mencionarmos "material linguageiro", não nos limitamos à expressão verbal da linguagem, já que o discurso "ultrapassa os códigos de manifestação linguageira na medida em que é o lugar da encenação da significação, sendo que pode utilizar, conforme seus fins, um ou vários códigos semiológicos" (Charaudeau, 2001b: 25).

Em segundo lugar, é fato que uma análise puramente linguística, que pode prescindir das condições de produção de um ato de linguagem – seja oral, seja escrito –, não dá conta do fenômeno da significação em sua completude. Nesse sentido, este livro mostra que, para melhor compreender o ato de linguagem, é preciso considerar tanto a sua dimensão linguageira, quanto a sua dimensão situacional. Assim, o campo de pesquisa da Semiolinguística engloba, além do discurso analisado e decodificado, as operações envolvidas no processo da construção discursiva. Tais operações partem do conhecimento do signo organizado em texto para alcançar o sentido, sobretudo aquele que está implícito e é inferido a partir da relação entre o texto e o contexto sócio-histórico-cultural, lugar de produção do discurso, conforme propõe o fundador da teoria, o professor Patrick Charaudeau.

Por uma questão de organização metodológica e pela necessidade de apresentar a teoria atrelada a questões práticas, este livro reúne, então, sete capítulos desenvolvidos por professoras do grupo de Semiolinguística da Universidade Federal Fluminense (UFF) e pesquisadoras da área que vêm desenvolvendo um projeto de extensão, vinculado ao Departamento de Letras Clássicas e Vernáculas, intitulado "A Semiolinguística aplicada ao ensino de língua materna". O projeto, com público-alvo diversificado – alunos de graduação e de pós-graduação da UFF e de outras instituições, professores de educação básica e superior e a comunidade em geral –, amplia as discussões relacionadas à Semiolinguística, com foco no ensino de língua materna, a partir de uma outra concepção de gramática: *a gramática do sentido*. Tais discussões têm sido ainda enriquecidas por meio da troca de experiências promovida pelo projeto e do retorno dado por seus participantes.

Assim, o percurso pela teoria começa no primeiro capítulo, de Ilana Rebello, intitulado "A Semiolinguística vai para a escola", em que se reflete sobre o que é a Semiolinguística em meio a outras teorias de Análise do Discurso. Segue-se a discussão sobre dois importantes conceitos caros à Semiolinguística: o de *ato de linguagem* e o de *contrato de comunicação*, complementados por uma proposta de atividade prática com vistas à leitura e à interpretação proficientes de textos.

O segundo capítulo, de Rosane Monnerat, intitula-se "O olhar discursivo para uma metodologia integrada". Voltando o olhar semiolinguístico para a sala de aula de Língua Portuguesa e apoiando-se na competência sociocomunicativa dos falantes, a autora mostra que é possível articular categorias do discurso a categorias linguísticas, tendo como pano de fundo o *processo de semiotização do mundo*. Propostas didáticas também são sugeridas para aplicação da teoria à prática de sala de aula.

Na sequência, o capítulo "Uma gramática da expressão e do sentido", de Patricia Neves Ribeiro, discute a fundamental integração, sugerida pela Teoria Semiolinguística de Análise do Discurso, entre intencionalidades, expressão e produção de sentido. Para tanto, estabelece relações entre categorias de língua e categorias de discurso, forjadas sobretudo com base nos conceitos de *sujeito*, *identidade* e *finalidade comunicativa*, pressupondo conhecimentos para além da forma e da função das categorias gramaticais. Além disso, também apresenta uma proposta prática que visa ao ensino mais proficiente da gramática.

A professora Beatriz Feres escreve o quarto capítulo – "Da interpretação à compreensão de textos". Partindo do conceito de texto, analisam-se as "maneiras de dizer" como processo essencial para a compreensão global do texto, a qual resulta de diferentes atividades ou etapas de interpretação. A esse respeito, são trazidos à baila os conceitos de *sentido de língua* e *sentido de discurso*, como diferentes planos da reconstrução do sentido por parte do leitor. Nesse processo, destaca-se a importância das inferências, que atuam em dois níveis da compreensão, articulando-as, por meio de propostas didáticas, aos tipos de competências leitoras.

O capítulo seguinte, de Glayci Xavier, aborda, como diz o título, "Os modos de organização do discurso" sob a perspectiva semiolinguística. Seguindo a premissa de que o ensino de língua deve estar voltado para o trabalho com textos ligados a situações reais de uso, a autora apresenta, inicialmente, o que é texto, gênero e as diferentes formas de perceber a construção textual para, então, focalizar, em detalhes, os *modos enunciativo*, *descritivo*, *narrativo* e *argumentativo*, com exemplos ilustrativos, aplicabilidade de conceitos e propostas de atividades comentadas.

No sexto capítulo, "Gêneros discursivos entre restrições e liberdades", Eveline Coelho Cardoso faz um panorama das diferentes abordagens do conceito de *gêneros discursivos* para, posteriormente, mostrar que Charaudeau, ao chamá-los de "gêneros situacionais", caracteriza-os como um lugar de "instrução do como dizer", destacando que estão associados à competência situacional e ligados às condições de um contrato de comunicação. Assunto caro para os estudos voltados para o ensino de língua, as reflexões e os exemplos desse capítulo têm aplicação prática no dia a dia escolar.

Por fim, o capítulo "Subsídios para uma prática pedagógica centrada na Semiolinguística", de Nadja Pattresi, traz contribuições consistentes para um *ensino de Língua Portuguesa* mais "orgânico". Embora se alicerce principalmente na Semiolinguística, a proposta não desconsidera a interdisciplinaridade, tão necessária, com outras áreas e postulados produtivos, reduzindo-se, dessa forma, a lacuna que se tem observado entre o conhecimento teórico-metodológico sobre língua e linguagem e o seu ensino na educação básica. Para sustentar seu aporte, a autora cita documentos oficiais e apresenta vasta exemplificação de situações e práticas linguageiras.

Assim, este livro nasce em resposta aos anseios de muitos alunos de graduação, de pós-graduação, de professores e de pesquisadores de diferentes áreas que vislumbram, a partir da teoria apresentada aqui, um caminho possível e produtivo com que se trabalhar. Finalizando esta apresentação, nunca é demais lembrar que a Teoria Semiolinguística de Análise do Discurso constitui-se como excelente parceira do professor de línguas, seja materna, seja estrangeira, pois possibilita uma profícua articulação entre as categorias de discurso e as categorias de língua, tornando mais concreta a prática pedagógica para os discentes.

Sabemos muito bem que grandes são os desafios que o ensino de língua apresenta ao professor e, também, ao aluno. Nesse sentido, oferecemos ao público-leitor – docentes de Língua Portuguesa da educação básica, especialmente do ensino fundamental II e médio, licenciandos de Letras e Pedagogia, estudantes de pós-graduação da área e pesquisadores que se interessam pelo tema – uma obra que reúne propostas reais para o estudo da língua em funcionamento, ancorado, sobretudo, em uma gramática do sentido, de forma que, posteriormente, novas ideias e possibilidades possam surgir a partir do que apresentamos aqui.

Aproveitem a leitura!

As organizadoras

A Semiolinguística vai para a escola

Ilana Rebello

Iniciaremos este capítulo apresentando a teoria que norteia todo o estudo desenvolvido neste livro. O que é a Semiolinguística? Quem é o criador? Por que é uma teoria de Análise do Discurso? Qual a diferença entre a Semiolinguística e outras teorias que surgiram ao longo do século XX?

Além dessas questões, procuraremos, ao longo deste capítulo, desenvolver dois importantes conceitos da teoria: o ato de linguagem e o contrato de comunicação. Finalizamos apresentando uma proposta de atividade visando à leitura e à interpretação proficientes de textos, pois, como já anunciado na apresentação deste livro, é às diferentes salas de aula que queremos chegar. A Semiolinguística, por entender a linguagem como veículo social de comunicação, dá atenção não apenas ao aspecto linguageiro, mas também ao aspecto psicossocial dos sujeitos envolvidos nos diversos atos de linguagem.

Mas, então, o que é a Semiolinguística?

O NOME *SEMIOLINGUÍSTICA*

A Semiolinguística é uma teoria de Análise do Discurso, elaborada por Patrick Charaudeau, professor emérito de uma das mais antigas instituições de ensino superior da Europa, a Universidade Paris XIII, na França.

A proposta do pesquisador, em meio a diferentes teorias que surgiram ao longo do século XX, foi a de criar uma vertente teórica em análise do discurso que levasse em consideração toda a situação de comunicação e não apenas a língua ou um determinado aspecto extralinguístico. Muitas teorias, até então, ou privilegiavam a língua em uma abordagem *stricto sensu*, desenvolvendo análises limitadas ao estudo da fonologia, da morfossintaxe, por exemplo, ou privilegiavam o extralinguístico, colocando a língua em segundo plano e produzindo estudos mais atentos à ideologia subjacente aos textos.

Nesse sentido, a Semiolinguística preocupa-se em desenvolver análise sobre os textos, olhando a língua e todo o contexto que está direta e indiretamente ligado aos sujeitos que interagem em diferentes atos de linguagem. Não há como dissociar a língua dos sujeitos e da sociedade. Todo texto é produzido por sujeitos dotados de características psicossocioafetivas e cognitivas, que fazem parte de uma sociedade e, portanto, ao tomarem a palavra, em sentido amplo, dão mostras de **ideologias** que criam e reforçam determinados **imaginários sociais**. Como então analisar o texto sem levar em consideração os seus produtores e destinatários? Como fazer análise do discurso sem levar em conta o texto, na sua configuração linguística, e o contexto, palco da encenação linguageira? O nome da teoria sintetiza tudo a que ela se propõe.

As **ideologias** constituem "um conjunto de representações sociais efetivamente reunidas em um sistema de ideias genéricas. Elas seriam a base de tomadas de posição, mais ou menos antagônicas, fundadas sobre valores irredutíveis e esquemas de conhecimento tidos por universais e evidentes" (Chabrol, 2004, apud Charaudeau, 2006b: 200 – destaques do autor).

O **imaginário social** é "uma forma de apreensão do mundo que nasce na mecânica das representações sociais, a qual, conforme dito, constrói a significação sobre os objetos do mundo, os fenômenos que se produzem, os seres humanos e seus comportamentos, transformando a realidade em real significante. Esse imaginário pode ser qualificado de social à medida que esta atividade de simbolização representacional do mundo se faz dentro de um domínio de prática social (artística, política, jurídica, religiosa, educativa etc.) determinado, de forma a [...] tornar coerente a relação entre a ordem social e as condutas, e cimentar o elo social com a ajuda dos aparelhos de regulação que são as instituições" (Charaudeau, 2017: 578).

Na revista *Langages*, em março de 1995, Charaudeau publica o texto "Une Analyse sémiolinguistique du discours", em que explica a formação do nome da teoria. Segundo o linguista, o termo que dá nome à teoria é a combinação de *semio* (de *semiosis*) e *linguística*. Assim, a Semiolinguística estuda a língua, evidenciando que a construção de sentido é feita por meio de uma combinação de forma-sentido, em diferentes sistemas semiológicos, sob a responsabilidade de um sujeito intencional. É bom lembrar que toda análise linguística é também semiótica, embora nem toda análise semiótica seja também linguística. Dessa forma, em uma análise semiolinguística, não é possível privilegiar apenas o sujeito ou apenas a língua, mas é preciso verificar quem é esse sujeito, de qual lugar social ele fala, quais as suas intenções e qual(is) signo(s) ele utiliza para produzir sentido.

Outra questão importante ainda a se discutir em relação ao nome da teoria é o porquê de ela ser do discurso. Em 2001, no artigo "Uma teoria dos sujeitos da linguagem", Charaudeau inicia com uma discussão a respeito do termo *discurso*, não com o objetivo de propor uma definição, mas "de delimitar o território no qual ele pode se mover [...], visto que o termo em questão é empregado em diversas acepções" (Charaudeau, 2001b: 24).

Segundo o pesquisador, o discurso não pode ser confundido com a expressão verbal da linguagem, com o texto e muito menos com a unidade que ultrapassa a frase. O discurso ultrapassa a manifestação linguageira, pois é o próprio lugar da encenação da significação. Da mesma forma, o texto é o objeto que "representa a materialização da encenação do ato de linguagem" (Charaudeau, 2001b: 25). E, por último, o discurso não pode ser visto como a unidade que ultrapassa a frase porque é preciso que "uma sequência de frases corresponda à expectativa da troca linguageira entre parceiros em circunstâncias bem determinadas" (Charaudeau, 2001b: 25).

Assim, segundo Charaudeau (2001b: 24), essas negativas não nos ajudam a definir o que é discurso, tendo em vista que não deve existir uma definição geral, pois "é participando do conjunto de uma teoria que o *discurso* é por ela definido". No entanto, nos ajudam a perceber que o termo pode ser utilizado em, pelo menos, dois sentidos: relacionado ao fenômeno da encenação do ato de linguagem, ao domínio do dizer ou a um conjunto de saberes partilhados pelos indivíduos que fazem parte de um grupo social.

Quando Charaudeau reserva o termo *discurso* para o domínio do dizer, o faz levando em consideração uma oposição entre encenação discursiva e encenação linguageira. A encenação discursiva é o espaço da organização do DIZER, da realização dos gêneros e das estratégias, que veremos com mais detalhes no próximo tópico. Já a encenação linguageira é o espaço do FAZER psicossocial, da produção. No entanto, a encenação linguageira, ao incluir também o situacional do ato de linguagem, engloba a encenação discursiva. Uma encenação não existe sem a outra, pelo contrário, constituem dois circuitos imbricados entre si, como veremos mais à frente.

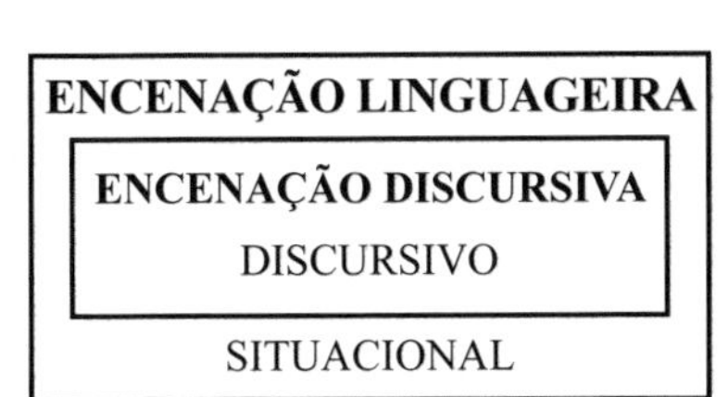

Nesse sentido, finalizando a explicação do nome da teoria, a Semiolinguística é uma teoria de Análise do Discurso, porque visa a ultrapassar o linguístico, mostrando a importância da linguagem no processo social. Trata-se, portanto, de uma teoria que considera a indissociabilidade do DIZER e do FAZER, conteúdo que será mais bem explicado na próxima seção.

O ATO DE LINGUAGEM E O CONTRATO DE COMUNICAÇÃO

O ato de linguagem diz respeito à totalidade da encenação linguageira com seus dois circuitos, externo – o da relação contratual entre parceiros – e interno – o da encenação do dizer, com seus dois protagonistas. O que isso significa? Quem são esses parceiros e protagonistas?

De acordo com a Teoria Semiolinguística, todo ato de linguagem é uma encenação, chamada *mise-en-scène*, composta por, no mínimo, quatro sujeitos. Dois sujeitos, os parceiros, de "carne e osso", chamados EUc (Eu-comunicante) e TUi (Tu-interpretante), são situacionais, externos e, assim, atuam no circuito do FAZER. Os outros dois sujeitos, os protagonistas, seres "criados" pelo Eu-comunicante, chamados EUe (Eu-enunciador) e TUd (Tu-destinatário), são discursivos, internos e, por isso, encenam no circuito do DIZER, como podemos observar na figura a seguir. As setas indicam que os sujeitos são ligados pelo que Charaudeau chama de contrato de comunicação.

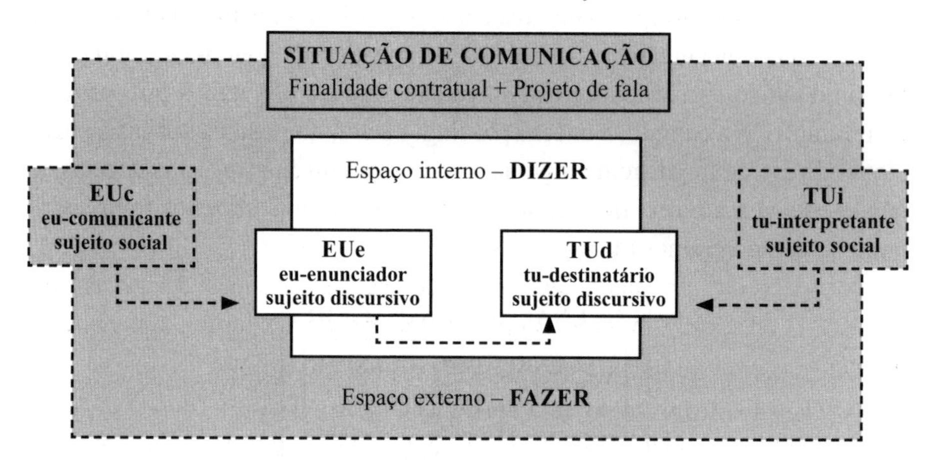

Fonte: Elaborado com base em Charaudeau (2008a: 77).

Qual o papel de cada sujeito na encenação linguageira?

O Eu-comunicante, ser de "carne e osso", é o parceiro que detém a iniciativa no processo de produção. É ele quem põe em cena um ser abstrato, de fala, o Eu-enunciador, visando a influenciar o Tu-interpretante, outro sujeito de "carne e osso". Existem, na verdade, dois "eus" enunciadores: um imaginado pelo Eu-comunicante e outro pelo Tu-interpretante. Da mesma forma, o Eu-comunicante pode ser uma instância compósita em alguns casos, como na publicidade, quando observamos vários sujeitos que se unem em uma equipe para construir o referido gênero.

O Tu-destinatário é uma abstração do Tu-interpretante, ou seja, é uma imagem desse sujeito, fabricada pelo sujeito-comunicante. Quando o Eu-comunicante planeja um texto, num primeiro momento, idealiza um destinatário, que pode coincidir ou não com o real sujeito-interpretante. Não há simetria entre os sujeitos como também não há nenhuma garantia de o Tu-interpretante coincidir com o Tu-destinatário idealizado. Daí Charaudeau (2001b: 28-9) dizer que o ato de linguagem poder ser considerado um jogo:

> Todo *ato de linguagem* corresponde a uma dada expectativa de significação. O *ato de linguagem* pode ser considerado como uma interação de intencionalidades cujo motor seria o princípio do *jogo*: "Jogar um lance na expectativa de ganhar". O que nos leva a afirmar que a encenação do *dizer* depende de uma atividade estratégica (conjunto de *estratégias discursivas*) que considera as determinações do quadro situacional. (grifos do autor)

Charaudeau (2008a: 48) chama a atenção para o emprego da palavra *intencionalidade*, conceito desenvolvido no capítulo "Uma gramática da expressão e do sentido" desta coletânea. Quando se diz que o ato de linguagem é uma interação de intencionalidades não significa que se origina de uma única intenção consciente. O linguista usa o termo *intencionalidade* em sua totalidade, o que significa dizer que "o ato de linguagem é permeável aos impactos do inconsciente e do contexto sócio-histórico. Intencionalidade é diferente de *intenção* e equivale ao termo *projeto de fala*" (grifos do autor).

Nesse sentido, em cada situação de comunicação, participam de uma espécie de jogo de máscaras, no mínimo, quatro sujeitos. E isso porque todos os atos de linguagem têm um lado teatral. Os sujeitos vestem diferentes máscaras, a depender do papel que precisam desempenhar em cada ato de linguagem. Por exemplo, em uma sala de aula, um Eu-comunicante, sujeito social, veste uma máscara de professor. Ao proceder à encenação, no grande palco da vida, esse sujeito pode colocar em cena um Eu-enunciador professor competente, ou um Eu-enunciador professor inexperiente, e assim por diante. Esse mesmo Eu-comunicante, fora da sala de aula, pode vestir outras máscaras, e aqui citamos algumas: de pai, de filho, de esposo e de estudante. Para Charaudeau (2006b: 52),

> [...] todo discurso se constrói na intersecção entre um campo de ação, lugar de trocas simbólicas organizado segundo relações de força (Bourdieu), e um campo de enunciação, lugar dos mecanismos de encenação da linguagem. O resultado é o que chamamos de "contrato de comunicação".

Assim, a *mise-en-scène* do ato de linguagem é guiada por uma relação contratual. Mas o que significa contrato? O termo *contrato*, emprestado do discurso jurídico, representa um acordo entre os sujeitos sobre as representações linguageiras das práticas sociais. No entanto, como salienta Charaudeau (2001b: 30),

> [...] essa relação contratual não se baseia nos estatutos sociais dos parceiros, do lado de fora da situação linguageira. Ela depende do "desafio" construído no e pelo ato de linguagem, desafio este que contém uma expectativa (o ato de linguagem vai ser bem-sucedido ou não?). Isso faz com que os parceiros só existam na medida em que eles se reconheçam (e se "construam") uns aos outros com os estatutos que eles imaginam.

O contrato de comunicação impõe algumas restrições que, segundo Charaudeau (2005: 18-9; 2001b: 31), são de três tipos: comunicacional, psicossocial (situacional) e intencional (discursivo).

A primeira restrição, a do tipo comunicacional, "obriga" os sujeitos envolvidos na situação de comunicação a observarem o quadro físico em que estão inseridos. Isso significa dizer que é preciso levar em consideração, por exemplo, quem são os parceiros, se estão face a face, se são únicos ou múltiplos e qual canal (oral ou gráfico) é utilizado, respondendo à pergunta: "estamos aqui para falar de que modo?" (Charaudeau, 2005: 19).

A segunda restrição, a do tipo psicossocial, leva os sujeitos a pensarem em como eles veem ou sentem os outros. Por exemplo, dentre vários fatores, os sujeitos precisam levar em consideração a idade, o sexo, a profissão, a relação de parentesco e os estados emocionais dos envolvidos na situação de comunicação. Isso é fácil de compreender quando pensamos em um texto endereçado a uma criança e a um adulto. Se queremos alcançar êxito na comunicação, teremos que produzir textos diferentes, a fim de atendermos às peculiaridades próprias de cada idade.

E, por fim, a terceira **restrição**, a **do tipo intencional**, evidencia que é preciso considerar os conhecimentos que os parceiros possuem um do outro, os imaginários culturais e os saberes que se supõe serem partilhados. Muitas vezes, a falha na comunicação é decorrente do fato de os parceiros não compartilharem os mesmos saberes e por viverem em comunidades com rituais diferentes. Nesse sentido, se quer êxito em sua comunicação, o Eu-comunicante precisa produzir o texto, levando em consideração aquilo que o seu interlocutor já sabe sobre o tema, como o assunto é normalmente abordado pelas diferentes comunidades, enfim, é preciso partir de um denominador comum para, aos poucos, acrescentar novas informações.

Segundo Machado (2001: 56), a **restrição do tipo intencional** "refere-se a um espaço intermediário, ou ainda, a uma interseção entre as limitações do contrato e as estratégias discursivas que vão ser efetivadas [...]". Nesse sentido, o Eu-comunicante leva em consideração os saberes partilhados e os rituais linguageiros (restrições) para, a partir de escolha de estratégias (liberdade), produzir certos efeitos de discurso.

Assim, quem compra a revista *Marie Claire*, por exemplo, espera ler sobre moda, beleza, mulheres; quem compra a revista *Placar* espera ler sobre esporte, principalmente, futebol. Em toda situação de comunicação, essas restrições precisam ser atendidas, a fim de que o objetivo seja alcançado. Um sujeito espera sempre ser reconhecido, compreendido, enfim, ter o seu projeto de fala aceito pelo outro. Daí podermos afirmar que, no ato de linguagem, os sujeitos precisam agir sempre em equilíbrio, atendendo às normas da situação de comunicação e ao gênero textual adequado ao que se pretende comunicar. Quando se diz em atender ao gênero textual é porque, como explicam Charaudeau e Maingueneau (2004: 132), "a teoria do contrato remete a uma teoria do gênero, pois pode-se dizer que o conjunto de coerções trazido pelo contrato é o que define um gênero de discurso". Em outras palavras, é preciso levar em consideração o que é permitido em um determinado gênero textual (as características formais, temáticas, estilísticas...) e se esse gênero atende aos propósitos do ato de fala do sujeito comunicante.

Ainda em relação ao contrato de comunicação, ao lado das restrições, há também o espaço das manobras, das liberdades, que vai permitir ao sujeito colocar em cena um conjunto de estratégias visando a atingir um determinado objetivo. Segundo Charaudeau (2008a: 56),

> [...] a noção de *estratégia* repousa na hipótese de que o sujeito comunicante (EUc) concebe, organiza e encena suas intenções de forma a produzir deter-

> minados *efeitos* – de persuasão ou de sedução – sobre o sujeito interpretante (TUi), para levá-lo a se identificar – de modo consciente ou não – com o sujeito destinatário ideal (TUd) construído por EUc. (grifos do autor)

É importante ressaltar que não se trata de uma liberdade total, mas daquela permitida pela situação de comunicação. Como assim? Tomemos como exemplo um gênero do domínio jurídico, a petição inicial. O Eu-comunicante precisa atender às restrições desse gênero textual, muito bem definidas pelo Código de Processo Civil, que prevê, nesse tipo de gênero, as seguintes seções: a qualificação das partes, a narração dos fatos, a fundamentação do pedido e o pedido. Além disso, o Eu-comunicante, ao produzir uma petição, sabe que o Tu-interpretante é um juiz, que não estará com ele no momento da leitura, e que, por isso, precisa produzir um texto formal, claro, bem embasado e o mais impessoal possível, a fim de lograr êxito em seu pedido. No entanto, ao lado dessas restrições, o Eu-comunicante tem uma margem de liberdade no momento em que pode, por exemplo, inserir alguns recursos visuais, como diferentes formatos e tamanhos de letras, grifos, negritos e cores, e conduzir a argumentação na seção "da narração dos fatos" da forma que mais beneficiará o cliente.

Assim, todo contrato prevê, ao lado das restrições, a utilização de estratégias, agrupadas, por Charaudeau (2009), sob três rótulos: legitimação, credibilidade e captação. Mas em que consiste cada estratégia?

A estratégia de legitimação não é o mesmo que legitimidade. Por exemplo, um professor tem legitimidade para lecionar uma disciplina para a qual foi contratado. No entanto, no circuito do DIZER, ao encenar o papel de professor, precisa conquistar a legitimação por meio de estratégias, a fim de demonstrar que tem aptidão para desempenhar essa determinada identidade atribuída socialmente. Esse sujeito pode ter legitimidade, por ter estudado, por ter prestado um concurso, mas pode não conseguir a legitimação, caso não apresente uma imagem de si, um ***ethos***, ao falar, ao escrever, compatível com o que se espera socialmente de um professor.

> Segundo Charaudeau (2006b: 115), o ***ethos***, enquanto imagem que se liga àquele que fala, "não é uma propriedade exclusiva dele; ele é antes de tudo a imagem de que se transveste o interlocutor a partir daquilo que diz. O *ethos* relaciona-se ao cruzamento de olhares: olhar do outro sobre aquele que fala, olhar daquele que fala sobre a maneira como ele pensa que o outro vê. Ora, para construir a imagem do sujeito que fala, esse outro se apoia ao mesmo tempo nos dados preexistentes ao discurso – o que ele sabe *a priori* do locutor – e nos dados trazidos pelo próprio ato de linguagem".

Existem várias maneiras de conquistar a legitimação. Por exemplo, um veículo de comunicação informativo procura legitimar-se, normalmente, por meio da construção de uma imagem de mídia séria, imparcial, que prova aquilo que diz. Explicando melhor, o *ethos*, ou seja, a imagem de si é construída pelo parceiro Eu-comunicante (EUc), no momento em que coloca em cena o seu "outro eu", o protagonista Eu-enunciador (EUe). Do outro lado, o parceiro Tu-interpretante (TUi), apoiado em suas experiências, em seus conhecimentos, procura reconhecer a máscara ou as múltiplas máscaras que o EUc, no papel de EUe, encena na sua prática linguageira.

Dando continuidade às estratégias, além da legitimação que resulta na construção de um *ethos* positivo ou negativo, o EUc pode se valer das estratégias de credibilidade (por meio das atitudes de neutralidade, de distanciamento e de engajamento) e de captação (por meio das atitudes de polêmica, de sedução e de dramatização).

As atitudes de neutralidade, de distanciamento e de engajamento são utilizadas para tornar o texto crível. É comum a mídia utilizar o discurso relatado que funciona, estrategicamente, como um discurso de prova. Segundo Charaudeau (2006a: 163), o discurso relatado visa a conferir autenticidade à fala de origem, atribuir a responsabilidade àquele que disse, mostrar a verdade do que foi dito e justificar os propósitos do Eu-comunicante. Nesse sentido, o discurso relatado demarca um posicionamento de autoridade, de poder e de engajamento do Eu-comunicante, porque relatar é "mostrar que se sabe", é "fazer saber alguma coisa ao outro, revelar-lhe o que foi dito e que ele ignora", é mostrar, "por uma determinada escolha de palavras, a adesão do locutor-relator aos propósitos do locutor de origem [...] ou sua não adesão ao contestar o conteúdo de verdade do já dito ou ao distanciar-se com relação a este, ou mesmo ao denunciar sua falsidade" (Charaudeau, 2006a: 163-4).

Com o exemplo do discurso relatado no domínio midiático, conseguimos demonstrar algumas atitudes das estratégias de credibilidade e de captação. Por meio da atitude de **neutralidade** e de **distanciamento**, o EUc procura, no circuito do DIZER, no papel de EUe, produzir um texto objetivo e imparcial, assumindo uma "atitude fria", "controlada", própria de um cientista. O discurso

> Por meio da atitude de **neutralidade**, o Eu-comunicante procura produzir um texto objetivo e imparcial. Na atitude de **distanciamento**, muito próxima da atitude de neutralidade, o Eu-comunicante assume uma identidade discursiva própria de um especialista quando analisa um fato, de forma fria e controlada.

relatado seria uma forma de mostrar essa aparente imparcialidade. No entanto, esse mesmo discurso relatado pode servir para mostrar um engajamento, no momento em que se reporta apenas às falas que venham a corroborar o ponto de vista daquele que enuncia. Agora, no escopo das estratégias de captação, pode servir para dramatizar, no momento em que se apela para o estado emocional do interlocutor; para seduzir, no momento em que se mostra ao interlocutor que ele será beneficiário caso venha a aderir à ideia; para polemizar, no momento em que se reportam opiniões diferentes sobre um mesmo assunto e assim por diante. Como se percebe, um mesmo recurso linguístico, dependendo da forma como é empregado e da situação de comunicação, pode servir a diferentes propósitos. Nesse sentido, o EUc pode utilizar diferentes recursos linguísticos para captar o seu interlocutor, mostrar que tem legitimação e credibilidade para dizer o que diz.

Para exemplificarmos os conceitos vistos até aqui, analisaremos uma versão da fábula "A cigarra e a formiga". Antes, no entanto, gostaríamos de fazer uma ressalva, citando Machado (2001: 52):

> [...] a AD (e, por conseguinte, como uma de suas várias teorias, a Semiolinguística), enquanto disciplina e instrumental de pesquisa, não se destina, *a priori*, à interpretação de textos isolados. A pesquisa em AD trabalha com um dado *corpus*, ou seja, com um conjunto de textos pertencentes a um mesmo tipo ou gênero, determinado pelo *Contrato de comunicação*. (grifos da autora)

No entanto, mesmo sabendo que a Semiolinguística propõe a análise de grupos de textos ligados às práticas sociais de linguagem, neste momento, por uma questão de espaço, não temos como analisar vários exemplares de textos pertencentes ao mesmo contrato. Vamos propor algumas atividades mais à frente com essa versão da fábula, acreditando que o leitor já tenha conhecimento prévio a respeito de outras versões dessa narrativa e de características desse gênero.

A Cigarra e a Formiga
(Versão de Millôr Fernandes)

Cantava a Cigarra
Em dós sustenidos
Quando ouviu os gemidos
Da Formiga
Que, bufando e suando,
Ali, num atalho,
Com gestos precisos
Empurrava o trabalho;
Folhas mortas, insetos vivos.
Ao vê-la assim, festiva,
A Formiga perdeu a esportiva:
"Canta, canta, salafrária,
E não cuida da espiral inflacionária!
No inverno
Quando aumentar a recessão maldita
Você, faminta e aflita,
Cansada, suja, humilde, morta,
Virá pechinchar à minha porta.
E na hora em que subirem
As tarifas energéticas,
Verás que minhas palavras eram proféticas.
Aí, acabado o verão,
Lá em cima o preço do feijão,
Você apelará pra formiguinha.
Mas eu estarei na minha
E não te darei sequer
Uma tragada de fumaça!"
Ouvindo a ameaça
A Cigarra riu, superior,
E disse com seu ar provocador:
"Estás por fora,
Ultrapassada sofredora.
Hoje eu sou em videocassete,
Uma reprodutora!
Chegado o inverno
Continuarei cantando
– sem ir lá –
No Rio,
São Paulo,
E Ceará,
Rica!
E você continuará aqui
Comendo bolo de titica.
O que você ganha num ano
Eu ganho num instante
Cantando a Coca,
O sabãozão gigante,
O edifício novo
E o desodorante.
E posso viver com calma
Pois canto só pra multinacionalma."

Fonte: Millôr Fernandes, *Poemas*, Porto Alegre, L&PM, 1984.

Vamos começar a análise a partir dos três componentes que regem a relação contratual: o comunicacional, o psicossocial (situacional) e o intencional (discursivo).

Para iniciarmos o estudo do componente comunicacional, precisamos ter em mente que o canal de transmissão – por ser uma fábula escrita – é gráfico e que os sujeitos não estão presentes, o que pressupõe uma troca postergada.

Millôr Fernandes é o Eu-comunicante, autor, que escreve para um Tu-interpretante *in absentia*, configurado, no circuito do DIZER, em Tu-destinatário. Normalmente, as fábulas são escritas para crianças e adultos. No entanto, aqui, levando em consideração a temática e o nível de abstração que é exigido do leitor, podemos supor que Millôr tenha imaginado como Tu-destinatário um adulto.

Ainda no circuito interno, no DIZER, o Eu-comunicante autor, para expor uma determinada visão de mundo, põe em cena um Eu-enunciador, seu porta-voz. Assim, como estamos diante de um gênero ficcional, há uma dupla *mise-en-scène:* uma no mundo da produção e interpretação e outra no mundo da representação, pois, no espaço interno, encontram-se os seres criados – o narrador e os personagens a Cigarra e a Formiga.

Aqui se tem o *princípio da identidade,* conceito que será mais bem desenvolvido no capítulo "Uma gramática da expressão e do sentido". No circuito externo, Millôr Fernandes tem uma identidade social – um homem que nasceu no estado do Rio de Janeiro em 1923 e morreu em 2012 e foi desenhista, humorista, dramaturgo, escritor, poeta, tradutor e jornalista brasileiro. Ele traz uma legitimidade reconhecida socialmente. Ainda no circuito externo, Millôr também apresenta uma identidade discursiva de autor de fábula que será colocada em cena, por meio do EUe, no circuito interno. A cada texto constrói uma legitimação para transmitir ao seu leitor suas concepções de mundo.

Na figura a seguir, aplicamos o contrato de comunicação à fábula em análise. É interessante observar que, no espaço interno, os sujeitos se desdobram e os papéis se alternam. Não há um único EUe, mas no mínimo três – o narrador e os dois personagens que se alternam em EU e TU. Além disso, ao encenar, a formiga idealiza o seu Tu-destinatário, a cigarra. O mesmo ocorre quando a cigarra toma a palavra. Nesse sentido, mesmo no mundo das palavras, é possível pensar em um Tu-interpretante "social", o personagem que efetivamente interpreta as palavras do EUe.

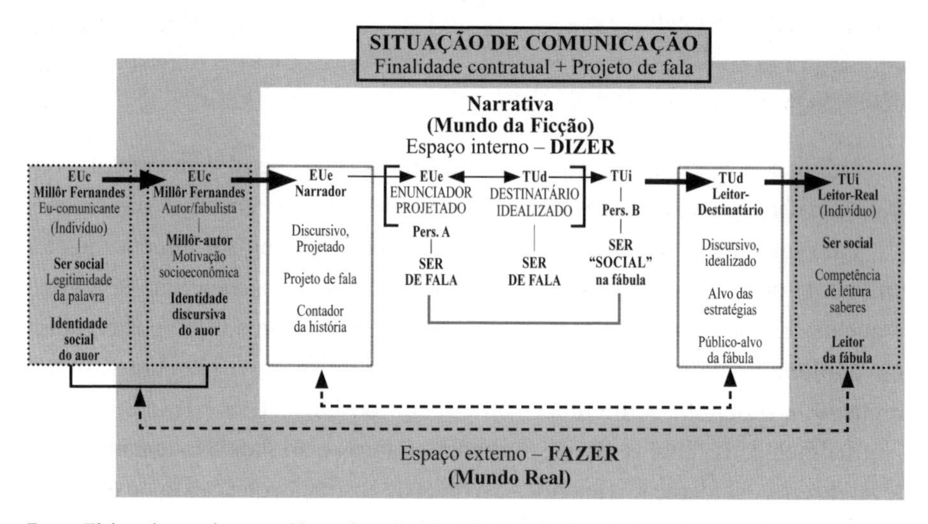

Fonte: Elaborado com base em Charaudeau (2008a: 77) e Xavier (2017: 122).

Dando continuidade à descrição dos componentes da relação contratual, o segundo deles é o psicossocial. Esse componente nos faz pensar nos elementos da situação de comunicação, ou seja, nos elementos do espaço externo, onde se situam as limitações do ato de linguagem elaborado.

No texto em tela, Millôr Fernandes respeita o contrato de escritor-fabulista. A fábula, enquanto gênero textual, obedece a certas regras: é uma narrativa ficcional, em versos ou em prosa, normalmente, encenada por animais e que, ao final, traz uma moral. Ao produzir a fábula, além de respeitar as características do gênero, o EUc precisa pensar em como ele vê ou sente o seu leitor. Quem vai ler a fábula? Um adulto? Uma criança? Qual o estatuto social desses sujeitos? Dependendo de como se imagina esse interlocutor, será feita a escolha do tema e a melhor forma de empregar determinadas categorias linguísticas, a fim de produzir os sentidos previstos.

Provavelmente, como já dissemos, Millôr imaginou um TUi adulto, mesmo sabendo que as fábulas também circulam entre as crianças. Por que pensamos no adulto? Em função da crítica estabelecida ao longo do texto e do vocabulário empregado. Em uma primeira leitura, podemos pensar que o Eu-comunicante Millôr critica o ganho financeiro daqueles que vivem da música e que fazem comerciais para multinacionais em oposição ao ganho do trabalhador assalariado, provocando no TUi determinados efeitos de sentido, como indignação diante da injusta distribuição de renda e da (des)valorização de determinadas profissões. No entanto, as "fábulas fabulosas" de Millôr Fernandes são conhecidas por desconstruírem as versões originais. Aqui, a formiga, como na fábula original, trabalha exageradamente, sem aproveitar a vida e, por isso, critica a cigarra por ela estar cantando em vez de acumular alimento, como se a humanidade não precisasse da arte. De forma inusitada, a cigarra responde dizendo que está bem como musicista. Parece a "vingança" da cigarra.

E o terceiro componente da relação contratual é o intencional. O que os parceiros conhecem do outro? Qual é a intenção por trás da mensagem veiculada pelo sujeito comunicante? A mensagem atingiu o sujeito interpretante? Por que fazer uma **paródia** da fábula original?

Segundo Koch, Bentes e Cavalcante (2008: 137), "a **paródia** se elabora a partir da retomada de um texto, que é retrabalhado para obter diferentes formas e propósitos em relação ao texto-fonte. As funções discursivas dessa reelaboração podem ser humorísticas, críticas, poéticas etc.".

Millôr Fernandes é um escritor conhecido, que construiu credibilidade ao longo de sua vida. Quem lê os seus textos sabe que Millôr escreve sobre temas vastíssimos e, muitas vezes, com humor. Assim, como Eu-comunicante, Millôr Fernandes autor-fabulista idealiza seu Tu-interpretante leitor, fazendo apelo aos saberes partilhados que circulam em sociedade. Ao compartilharem saberes, o que torna possível um escrever e o outro interpretar, tem-se o *princípio da alteridade*. Espera-se que o interpretante reconheça o gênero textual e perceba que é uma das muitas versões criadas da fábula "A cigarra e a formiga" escrita por Esopo, um fabulista que viveu no século VI a.C. Segundo Fernandes (2001: 18),

> [...] as fábulas são tão antigas quanto as conversas dos homens. Como foram passadas de boca em boca pelo povo, não sabemos quem as criou. De qualquer forma, conhecemos algumas fábulas que foram escritas no século VIII antes de Cristo, ou a.C. (800 anos antes do ano número 1!). Sabemos também que fábulas muito antigas, do Oriente, foram difundidas na Grécia no século VI a.C., há 2.600 anos, por um escravo chamado Esopo. Nos anos que se seguiram, elas continuaram a ser contadas e foram também escritas. Mais tarde, nos anos de 1600 (século XVII), o escritor francês Jean de La Fontaine, um nome muito importante no mundo das fábulas, reescreveu e adaptou as fábulas de Esopo, além de criar novas histórias.

Na época de Esopo, criticar os poderosos podia levar a pessoa à morte. Então, com as fábulas, criticava-se a sociedade, pois os personagens animais encenavam características humanas. O modo indireto de atingir os ouvintes ou os leitores é uma das características marcante das fábulas. Essa estratégia pode parecer a atitude de distanciamento, muito utilizada em alguns domínios discursivos para produzir efeitos de credibilidade. No entanto, na fábula, é um falso efeito de distanciamento, pois ao personificar animais, o fabulista mostra o que pensa do ser humano da sua época e induz os leitores a relacionarem a história contada a situações da vida real. Na verdade, tem-se a produção do efeito de engajamento, pois sob uma aparente história, os leitores são levados a pensar sobre determinadas atitudes humanas e até convencidos de certas ideias. Além disso, ao produzir uma paródia da versão original, Millôr reinventa o conteúdo da fábula. A paródia é um tipo de **intertextualidade** que, em lugar de endossar o modelo retomado, rompe com ele, sutil ou abertamente e, por isso, acaba captando a atenção do leitor.

Ainda na esteira da captação, a fábula dramatiza uma situação real. Por exemplo, na fábula escrita por Esopo, a formiga não ajuda

> Para Charaudeau e Maingueneau (2004: 288-9), a **intertextualidade** "designa ao mesmo tempo uma propriedade constitutiva de qualquer texto e o conjunto de relações explícitas ou implícitas que um texto ou um grupo de textos determinado mantém com outros textos".

a cigarra por não identificar o artista como um trabalhador. Aquele que vive da arte é visto como uma pessoa de "vida fácil", que não precisa fazer muito esforço para ganhar dinheiro. Assim como Esopo, Millôr Fernandes usa a ficção criada na fábula para provocar uma certa "inquietação" no leitor. No entanto, como a sociedade e a época retratadas por Millôr são diferentes das de Esopo, a crítica é outra.

Como bom observador da sociedade, Millôr escolhe um tema relevante e atual. A formiga encena uma personagem trabalhadora, que enfrenta problemas de ordem econômica, como recessão e inflação. O trabalho, nesse caso, é um sacrifício – a personagem formiga vive "bufando e suando" (verso 5) e trabalha sem parar. Por outro lado, a cigarra, chamada pela formiga de "salafrária" (verso 12), encena um personagem de posição privilegiada, que vive cantando em comerciais da Coca, do sabãozão gigante, do edifício novo e do desodorante ou recebendo patrocínio de multinacionais, como se verifica nos versos 46, 47, 48, 49 e 51 e, por isso, obtém um bom retorno financeiro. "Coca, sabãozão, edifício novo e multicionalma" podem ser vistos como símbolos da sociedade urbana, capitalista e moderna.

A própria cigarra reconhece que a formiga é uma "ultrapassada sofredora" (verso 32) e que continuará "comendo bolo de titica" (verso 43), enquanto ela, na função de videocassete, de reprodutora (versos 33 e 34), continuará cantando no inverno e ganhando em um instante, o que a formiga recebe em um ano.

Ainda na fábula, a formiga ameaça a cigarra, falando sobre a espiral inflacionária e do aumento da tarifa energética, como se verifica nos versos de 11 a 20: "A Formiga perdeu a esportiva: /'Canta, canta, salafrária,/E não cuida da espiral inflacionária! [...] E na hora em que subirem/As tarifas energéticas [...]'". Assim, em tom de ameaça, deixa bem explícito que "'[...] não te darei sequer/ Uma tragada de fumaça!'" (v. 26 e 27). Aqui, a palavra fumaça pode ser índice de comida na panela ou até mesmo de fogo a lenha, levando em consideração que a formiga fala do inverno e ainda vive de forma tradicional e arcaica.

A versão de Millôr Fernandes mantém a mesma personagem formiga criada por Esopo – avarenta e invejosa. No entanto, a cigarra não é mais aquela personagem subserviente, que se deixa humilhar. Na fábula em análise, é a cigarra quem zomba da formiga, quando diz "E você continuará aqui/Comendo bolo de titica./O que você ganha num ano/Eu ganho num instante" (v. 42-44). "Titica" significa excremento, o que não presta e, por conseguinte, é expelido do corpo. Dizer que a formiga comerá "bolo de titica" significa rebaixá-la a uma condição desprezível, insignificante, a uma condição muito pior em relação àquele que vive de restos de comida.

Dessa forma, mesmo a cigarra não representando mais uma personagem subserviente, o seu trabalho continua sendo alvo de crítica pela formiga. Em Esopo, a formiga não ajuda a cigarra por não considerar a arte um trabalho. Implicitamente, criticam-se aqueles que vivem da arte. Em Millôr, o foco parece ser outro. O leitor, Tu-interpretante, muito provavelmente acostumado com outras versões dessa fábula, pode estranhar a nova perspectiva proposta, ao ver que aqui a formiga encena não uma personagem necessariamente pobre e que, por isso, precisa trabalhar noite e dia, mas uma personagem que só pensa em ter e não em ser. Enquanto a formiga só trabalha, a cigarra, tendo a arte como trabalho, consegue um retorno financeiro e, ao mesmo tempo, viver. Assim, ao criar uma narrativa em que uma das personagens consegue viver da arte (novos tempos!) em oposição a outra que vive "bufando e suando" para não só ter o que comer em cada estação, mas também acumular, o fabulista deixa entrever uma determinada visão de mundo.

Como se percebe, a postura discursiva do EUc, no papel de EUe, nas práticas linguageiras, ajusta-se a um conjunto de regras implícitas, compostas por restrições e liberdades (estratégias). Restrições que devem ser seguidas sob pena de não ser compreendido e liberdade que deve ser experimentada, mas com certa cautela, para captar a atenção do outro.

Na próxima seção, apresentamos algumas atividades, a partir de sequências didáticas, com a versão da fábula analisada aqui.

NA SALA DE AULA...

As atividades que seguem podem ser desenvolvidas com alunos dos anos finais do segundo segmento do ensino fundamental. Obviamente, se forem adaptadas, poderão também ser aplicadas em outros níveis, dependendo do público-alvo com o qual se trabalha.

Vamos sugerir atividades utilizando a proposta de agrupamento em sequências didáticas de Dolz, Noverraz e Schneuwly (2004). Uma *sequência didática* é um conjunto de atividades de leitura, produção e análise linguística em torno de algum gênero textual. Assim, os autores propõem um agrupamento de gêneros, tendo em vista que eles podem funcionar como as unidades organizadoras do ensino e da aprendizagem da língua, porque é por meio deles que as práticas de linguagem se materializam.

As atividades propostas devem explorar aspectos da sócio-história do gênero em questão, suas condições de produção, seu conteúdo temático, sua forma composicional e suas marcas linguísticas.

O modelo de trabalho com base nas sequências didáticas proposto por Dolz, Noverraz e Schneuwly (2004: 98-9) envolve quatro fases:

> Após uma *apresentação da situação* na qual é descrita de maneira detalhada a tarefa de expressão oral ou escrita que os alunos deverão realizar, estes elaboram um primeiro texto inicial, oral ou escrito, que corresponde ao gênero trabalhado; é a *primeira produção*. Essa etapa permite ao professor avaliar as capacidades já adquiridas e ajustar as atividades e os exercícios previstos na sequência às possibilidades e dificuldades reais de uma turma. Além disso, ela define o significado de uma sequência para o aluno, isto é, as capacidades que deve desenvolver para melhor dominar o gênero de texto em questão. Os *módulos*, constituídos por várias atividades ou exercícios, dão-lhe os instrumentos necessários para esse domínio, pois os problemas colocados pelo gênero são trabalhados de maneira sistemática e aprofundada. No momento da *produção final*, o aluno pode pôr em prática os conhecimentos adquiridos e, com o professor, medir os progressos alcançados.

Para melhor compreensão da proposta, segue a organização da sequência didática:

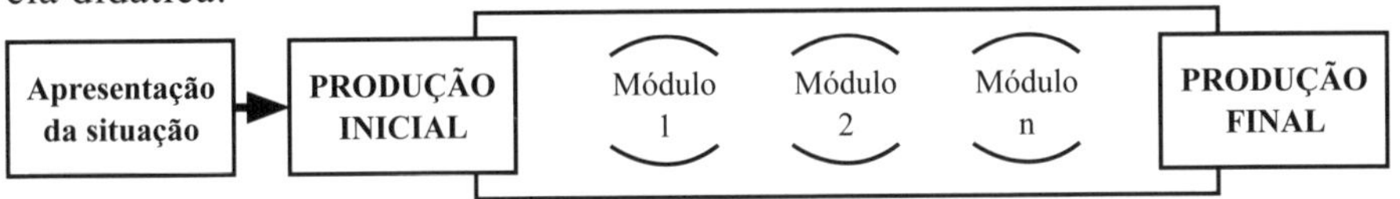

Fonte: Dolz, Noverraz e Schneuwly (2004: 98).

Em trabalho realizado, Rebello (2009), a partir da proposta de Dolz, Noverraz e Schneuwly (2004), elabora uma sequência didática a partir do modo de organização do discurso narrativo. Aqui, por uma questão de espaço, vamos sugerir atividades em torno de um gênero, tal como proposto pelos autores supracitados.

Antes de descrevermos as atividades, é importante destacarmos os objetivos de se trabalhar com os gêneros em sequências didáticas. Dolz, Noverraz e Schneuwly (2004) citam vários objetivos, dentre eles a progressão "em espiral" (o mesmo gênero é trabalhado em níveis de ensino diferente, com atividades diversas, de acordo com os objetivos visados), o que permite o melhor domínio do mesmo gênero em diferentes níveis; a possibilidade de os gêneros serem tratados de acordo com os ciclos/séries, além do fato de o trabalho com os gêneros no início do ensino fundamental assegurar a aprendizagem ao longo das séries e evitar a repetição, ao serem propostas atividades com diferentes níveis de complexidade.

Vale ressaltar que essa não é a única possibilidade para agrupar gêneros, mas tal classificação tem a vantagem de levar os alunos a (a) terem o domínio social da comunicação a que os gêneros pertencem; (b) desenvolverem as capacidades de linguagem envolvidas na produção e compreensão desses gêneros; e (c) reconhecerem a tipologia geral dos gêneros.

Feita essa breve introdução, passemos para a descrição da sequência didática com o gênero fábula.

APRESENTAÇÃO DA SITUAÇÃO: O professor deve começar explicando que estudarão o gênero fábula. Em seguida, fazer um levantamento sobre o que os alunos já sabem, se eles conhecem algumas características e se já leram ou ouviram alguma fábula. Depois, falar sobre a importância de se identificarem e produzirem diferentes gêneros textuais para a própria vida em sociedade. Por fim, deve explicar que, dependendo da época, alguns gêneros são mais produzidos que outros e que também novos gêneros são criados.

PRODUÇÃO INICIAL: Para a realização da produção inicial, seria interessante que o professor, primeiro, lesse com os alunos algumas fábulas pesquisadas, inclusive, pelos próprios alunos. A pesquisa faz com que os alunos participem mais ativamente da proposta. Após a leitura, o professor deve explicar a proposta de produção da fábula. Conversar com os alunos sobre: "A quem se dirigirá a produção?", "Que forma assumirá a produção?", "Será apenas uma produção escrita, ou depois será encenada, gravada...?", "Quem participará da produção? Os alunos individualmente, em grupos...?", "Quais temas podem ser abordados?", "Quais provérbios se adequariam melhor a esses temas?", "Por que a moral pode vir em forma de provérbio?". Outras questões podem ser formuladas. Trazemos aqui apenas algumas ideias. O professor pode propor a postagem das produções em um blog ou a dramatização de uma das fábulas produzidas. A divulgação dos trabalhos dos alunos é uma forma de valorizar e incentivar a produção deles.

Essa produção inicial permite que o professor organize melhor a sequência didática, levando em consideração o que os alunos já sabem.

Após a realização da produção inicial, o professor pode propor alguns questões para discussão: "Quais animais foram utilizados nas fábulas?", "Quais características foram atribuídas aos animais?", "Existe alguma relação entre essas características e os animais?", "São características atribuídas aleatoriamente, ou seja, há coerência na relação feita?", "Por que criar as fábulas com animais e não com humanos?", "Aquele que contou a história também participou da narrativa ou apenas assistiu aos fatos e os relatou?", "A produção apresentou uma moral explícita ou implícita?", "Qual tema foi abordado?", "É um tema atual, momentâneo ou atemporal?", "A moral, às vezes, sob a forma de provérbio, é a voz do narrador, do povo ou de ambos?", "Qual tempo verbal predominou ao longo da narrativa?", "Qual tempo verbal foi utilizado na moral?", "Por que se utilizaram esses tempos verbais?", "A moral reflete o que você pensa sobre o assunto ou reflete apenas a sociedade?", "Você se vê representado na fábula criada?", "Que sinais de pontuação foram utilizados e por quê?", "Que verbos podem introduzir a fala dos personagens?"

Essas questões ajudam os alunos a refletirem sobre o próprio texto, a ouvirem outras opiniões, além de já começarem a aprofundar algumas características do gênero trabalhado.

MÓDULO 1: Para conhecer alguns autores de fábulas, o professor pode propor uma pesquisa sobre: "Quando as fábulas começaram a ser escritas?", "Quem foi Esopo e Jean de La Fontaine?", "Que outros autores escreveram fábulas?", "Em quais épocas eles viveram?", "A que público eles se dirigiam?".

Essa atividade ajudará os alunos a identificarem alguns elementos da situação de comunicação, como quem é o Eu-comunicante de algumas versões de fábula, a que Tu-interpretante são endereçadas, se há relação entre o perfil criado para o Tu-destinatário e a época vivida pelos autores, que projeto de fala eles tinham em mente e por que escolheram o gênero fábula.

Atenção!

Em sala de aula, o professor não precisa apresentar os termos teóricos. O importante é que os alunos identifiquem os elementos da situação de comunicação e os sujeitos de que dela participam.

MÓDULO 2: Após a pesquisa sobre alguns fabulistas e de alguns elementos da situação de comunicação, o professor pode, então, propor a leitura da fábula "A cigarra e a formiga" de Esopo para, em seguida, no próximo módulo, trabalhar com a versão de Millôr Fernandes e aprofundar o conceito de paródia.

Seguem algumas questões que podem ser feitas:

a) Com que intencionalidade a fábula foi escrita? Que marcas linguísticas marcam a intencionalidade do sujeito comunicante?
b) Quem é o público-alvo dessa fábula? É possível traçar o perfil do público-alvo a partir da leitura da fábula? Que elementos da situação de comunicação ajudam a identificar o perfil do interlocutor?
c) Qual o perfil dos enunciadores (narrador e personagens) da fábula? Que elementos do texto identificam esses enunciadores?
d) Qual tema foi tratado na fábula? Há informações que precisam ser inferidas? Se sim, qual a intenção do fabulista em deixar algumas informações implícitas?
e) O tempo da história é determinado? Como essa forma de situar os fatos contribui para a construção do sentido do texto?
f) Em termos de registro de formalidade/informalidade, qual a linguagem utilizada? Como a fala dos personagens é indicada? Que sinais podem indicar a fala dos personagens?
g) A fábula foi escrita em versos ou em prosa? O formato traz alguma alteração para o texto?

MÓDULO 3: Leitura e análise da versão escrita por Millôr Fernandes para a fábula "A Cigarra e a Formiga".

Seguem algumas questões que podem ser feitas:

a) A fábula de Millôr Fernandes é uma atualização da fábula "A cigarra e a formiga" de Esopo. Na verdade, é uma paródia. Pesquise o que é paródia e depois explique por que a versão da fábula criada por Millôr Fernandes pode ser considerada uma paródia.
b) Millôr Fernandes, enquanto autor-fabulista, põe em cena, no texto, um narrador e dois personagens. Identifique, no texto, trechos que podem ser atribuídos a cada um desses três sujeitos.
c) Como os dois personagens, a cigarra e a formiga, são caracterizados pelo fabulista? Justifique com versos da fábula.
d) Por que a letra inicial de Formiga e Cigarra é escrita em maiúscula nessa versão da fábula? O que isso significa?
e) Leia a seguir alguns trechos de outras versões da fábula "A cigarra e a formiga". Há semelhanças quanto à caracterização das personagens? Explique.

A formiga não gosta de emprestar,
É esse um de seus defeitos.
"O que você fazia no calor de outrora?"
Perguntou-lhe ela com certa esperteza.
"Noite e dia, eu cantava no meu posto,
Sem querer dar-lhe desgosto."
"Você cantava? Que beleza!
Pois, então, dance agora!"

Fonte: Jean de La Fontaine, "A cigarra e a formiga", em *Fábulas de La Fontaine*, trad. Bocage, Rio de Janeiro, Editora Brasil, 1985.

– Que fazia durante o bom tempo?
– Eu... eu cantava!...
– Cantava? Pois dance agora, vagabunda! – e fechou-lhe a porta no nariz.
Resultado: a cigarra ali morreu [...] e quando voltou a primavera, o mundo apresentava um aspecto mais triste. É que faltava na música do mundo o som estridente daquela cigarra morta [...]
Os artistas – poetas, pintores, músicos – são as cigarras da humanidade.

Fonte: Monteiro Lobato, "A formiga má", em *Fábulas*, São Paulo, Melhoramentos, 1994.

– E que fez durante o bom tempo, que não construiu sua casa?
A pobre cigarra, toda tremendo, respondeu depois de um acesso de tosse:
– Eu cantava, bem sabe...
– Ah!... – exclamou a formiga recordando-se. – Era você então quem cantava nessa árvore enquanto nós labutávamos para encher as tulhas?
– Isso mesmo, era eu...
– Pois entre, amiguinha! Nunca poderemos esquecer as boas horas que sua cantoria nos proporcionou. Aquele chiado nos distraía e aliviava o trabalho. Dizíamos sempre: que felicidade ter como vizinha tão gentil cantora! Entre, amiga, que aqui terá cama e mesa durante todo o mau tempo.

Fonte: Monteiro Lobato, "A formiga boa", em *Fábulas*, São Paulo, Melhoramentos, 1994.

Era uma vez uma formiguinha e uma cigarra que eram muito amigas.
Durante todo o outono, a formiguinha trabalhou sem parar, a fim de armazenar comida para o período de inverno. Não aproveitou nada do sol, da brisa suave do fim da tarde, nem da conversa com as amigas. Só vivia para o trabalho!
Enquanto isso, a cigarra não desperdiçou um minuto sequer: cantou durante todo o outono, dançou, aproveitou os tempos livres, sem se preocupar muito com o inverno que estava chegando.
[...]
A formiguinha, exausta, entrou na sua singela e aconchegante toca, repleta de comida. Entretanto, alguém chamava pelo seu nome do lado de fora da toca e, quando abriu a porta, ficou surpresa: era a sua amiga cigarra, [...]
– Olá, amiga! – cumprimentou a cigarra. – Vou passar o inverno em Paris. Será que você podia cuidar da minha toca?
– Claro! Mas o que aconteceu para você ir para Paris?
A cigarra respondeu-lhe:
– Imagine você que, na semana passada, eu estava cantando num restaurante e um produtor gostou tanto da minha voz que fechei um contrato de seis meses para fazer espetáculos em Paris. A propósito, amiga, deseja algo de lá?
A formiguinha respondeu:
– Desejo, sim. Se você encontrar por lá um tal de La Fontaine, que escreveu a nossa história, mande-o tomar banho em urtigas...
Moral da história: Aproveite a sua vida, saiba dosar trabalho e lazer, pois trabalho em demasia só traz benefício nas fábulas do La Fontaine.

Fonte: Vaz Nunes, disponível em <http://www.embuscadaautoria.com/2013/11/as-fabulas-em-dialogo-com-vida.html>, acesso em 1º maio 2020.

f) Todo gênero textual é regido por um contrato. Esse contrato impõe algumas restrições, mas também permite que o escritor faça determinadas escolhas estratégicas.
   I. Pensando no gênero fábula, Millôr respeitou as restrições do gênero? Em outras palavras, ele seguiu as características desse gênero textual? Justifique.
   II. Que aspecto da fábula lida pode ser citado como um exemplo de liberdade do fabulista, permitida pelo contrato de comunicação para o gênero em questão?

As questões propostas nos módulos 2 e 3 levam em consideração os princípios do contrato de comunicação propostos pela Semiolinguística e abordados ao longo deste capítulo. Busca-se, com essas questões, levar os alunos a refletirem sobre os sujeitos dos textos, as estratégias linguísticas e discursivas e as restrições e liberdades relacionadas ao gênero textual em estudo. Ao invés de o professor apresentar as características do gênero, ele leva os alunos a construírem o conhecimento, tornando a aprendizagem mais significativa.

Outros conteúdos podem ser trabalhados por meio das fábulas, mas não entraremos em detalhes, pois serão objeto de estudo dos próximos capítulos. A ideia foi apenas trazer uma sugestão e cabe a cada professor incrementá-la e adaptá-la de acordo com a realidade de sua sala de aula.

Assim, após a realização das atividades sugeridas nos módulos e de outras que o professor achar conveniente para trabalhar as dificuldades e inquietações dos alunos, sugere-se que a sequência seja finalizada com uma nova produção textual.

PRODUÇÃO FINAL: Para a produção textual, o professor pode solicitar que os alunos, individualmente ou em grupos, criem uma nova versão para a fábula "A cigarra e a formiga" ou criem uma outra fábula qualquer. No entanto, antes de propor a escrita, o professor deve discutir com os alunos alguns temas atuais que podem ser abordados nas fábulas; que provérbios podem ser utilizados; se a produção será feita em versos ou em prosa; qual será o foco narrativo adotado, ou seja, se a história será contada pelo próprio personagem ou por um narrador externo; que pontuação utilizar para indicar a fala das personagens; que verbos, em vista das diferentes orientações argumentativas pressupostas, podem ser empregados para introduzir a fala dos personagens, e outras questões que forem pertinentes para o desenvolvimento da produção.

Após a produção, o professor deve propor uma discussão sobre as fábulas criadas, conversar com os alunos sobre as restrições e liberdades do gênero produzido e, por último, sugerir uma leitura dramatizada.

UM PASSAPORTE PARA A INTERAÇÃO COM O MUNDO

Vimos, ao longo deste capítulo, alguns conceitos caros à Semiolinguística, uma teoria de Análise do Discurso que permite uma abordagem completa do texto, em seus aspectos linguísticos, discursivos e semióticos.

De acordo com a Semiolinguística, para comunicar há necessidade do outro e, na *mise-en-scène* do ato de comunicação, os parceiros, ao colocarem em cena protagonistas, arriscam-se à incompreensão ou à negação. Isso significa que o reconhecimento recíproco deve ser construído socialmente pelos parceiros envolvidos, ou seja, cada um deve conquistar o direito à palavra. A situação de comunicação, então, tal como definida por Charaudeau, é como um palco, um espaço de liberdades (estratégias), mas também de restrições.

Assim, além de explicarmos o nome da teoria, o quadro dos sujeitos, com as restrições e liberdades do contrato, apresentamos um estudo de texto com o gênero fábula, acreditando que, por meio da análise semiolinguística, é possível propor atividades de ensino significativas.

A leitura aprofundada de diferentes gêneros textuais deve ser um passaporte para a interação com o mundo, não apenas de leitura da palavra, de forma superficial, mas do mundo – como um meio ou, talvez, o meio de interação legítima do Tu-interpretante-aluno com o mundo. A falta de leitura pode levar o indivíduo a ter mais dificuldade para entender o mundo, a tomar a sua palavra e a agir realmente como sujeito.

O olhar discursivo para uma metodologia integrada

Rosane Monnerat

A Teoria Semiolinguística de Análise do Discurso, idealizada pelo linguista francês Patrick Charaudeau, desenvolve uma forma de perceber o discurso com um duplo olhar, observando, ao mesmo tempo, o componente linguístico (forma) e o semiótico (significado, dados extralinguísticos e situação comunicativa).

A linguagem, nessa visão, é portadora de uma "tridimensionalidade", pois apresenta uma dimensão cognitiva (percepção e categorização do mundo); uma dimensão social e psicossocial (valor de troca dos signos e valores de influência dos fatos da linguagem) e dimensão semiótica (relaciona a construção dos sentidos com a das formas).

Pensando nessa configuração, buscamos trazer o olhar semiolinguístico para a sala de aula de Língua Portuguesa, verificando de que maneira os pressupostos da teoria podem ajudar no ensino/aprendizagem da língua materna.

Primeiramente, traremos à baila o processo de semiotização do mundo, eixo teórico caro à Teoria Semiolinguística, o qual se abre à possibilidade de análise sob o viés discursivo articulado ao linguístico; na sequência, serão propostas atividades que visam a otimizar essa articulação, para, então, focalizarmos a questão da competência comunicativa, desdobrada, na Semiolinguística, em competência situacional, discursiva, semântica e semiolinguística. Finalmente, trabalhando sob uma **perspectiva epilinguística**, ofereceremos ao leitor um leque de sugestões de atividades, a serem realizadas em sala de aula, em que mostramos ser fácil relacionar o ensino de gramática a situações discursivas concretas. Claro está que cada professor saberá adequar o conteúdo às necessidades de sua classe.

> Explicaremos mais adiante o que é a **perspectiva epilinguística**. Por ora, basta esclarecer que o estudo de fatos gramaticais sob essa perspectiva implica um consciente trabalho dos alunos na manipulação de estruturas linguísticas de tal forma que eles próprios sejam responsáveis pela construção de seu conhecimento, já que se toma a própria língua como objeto de operações transformadoras. Como diz Franchi (2006), aprende-se brincando com a linguagem.

Vamos ao trabalho!

A SEMIOLINGUÍSTICA NA SALA DE AULA

De que maneira "usar", então, esse recorte como ponto de apoio na aula de Língua Portuguesa? Como tirar proveito das ideias basilares da teoria revertendo-as em benefício do ensino? Parece difícil concretizar noções abstratas, mas veremos que os conceitos nos abrem uma série de possibilidades de uso; é só saber aproveitá-las.

Como diz Azeredo, a palavra com que comunicamos nossas percepções não é um espelho fiel do mundo, mas uma representação dele (Azeredo, 2007: 16-7). Para entender esse processo de representação, convém observar o que explica Agostinho Carneiro:

> O que vemos num quadro, numa foto, numa fita de vídeo ou num texto, não são os referentes do mundo real, mas sua representação por um sistema simbólico. Qualquer um desses sistemas simbólicos é capaz de representar, por meio de elementos de seu próprio sistema, as realidades de outro universo: no caso específico dos textos, devemos ver como passar, por meio da língua, de um mundo real a um mundo representado, ou seja, de um mundo a significar para um mundo significado. (Carneiro, 2005: 60)

Assim, quando observamos, por exemplo, uma pintura, sabemos que não se trata da realidade em si, mas de uma projeção da mesma. Ainda que o fato possa ter efetivamente ocorrido, a retratação dela projeta escolhas pessoais do pintor, como realçar (ou não) um determinado detalhe.

O almoço dos barqueiros – óleo sobre tela do pintor impressionista francês Pierre-Auguste Renoir, realizada entre 1880 e 1881.

A pintura em análise retrata um grupo de amigos de Renoir que se divertem em uma varanda da Maison Fournaise, ao longo do rio Sena, em Chatou, na França. Após contextualizar a pintura, retomamos Carneiro (2005), destacando que, no caso da língua, devemos saber como passar de um mundo a significar (a realidade) a um mundo significado pela linguagem. Nisso consiste o "processo de semiotização do mundo", noção fundamental da Teoria Semiolinguística de Análise do Discurso.

A Semiolinguística postula que a *semiotização do mundo* obedece a dois mecanismos que, embora se realizem de formas distintas, tornam-se, pela interdependência no ato de comunicação, solidários na construção do sentido discursivo. O primeiro é o *processo de transformação*, responsável pela passagem de um "mundo a significar" a um "mundo significado", sob a ação de um sujeito falante. O segundo é o *processo de transação*, que faz desse mundo significado um objeto de troca, na interação com outro sujeito, tomado como destinatário desse objeto.

A SEMIOTIZAÇÃO DO MUNDO: DO MUNDO REAL AO MUNDO SIGNIFICADO

O processo de transformação compõe-se de quatro operações: *identificação*, *qualificação*, *ação* e *causação*. A *identificação* consiste em nomear os seres do mundo (reais ou imaginários, materiais ou abstratos), ou seja, o sujeito apreende os seres do mundo, conceitua-os e os transforma em *identidades nominais* para, então, poder falar sobre eles. A *qualificação* consiste em diferenciar os seres do mundo a partir da possibilidade de descrevê-los, qualificá-los; assim, os seres do mundo são transformados em *identidades descritivas* em decorrência de uma operação que os qualifica em função de suas especificidades. A *ação* confere um motivo de ser aos seres do mundo, uma vez que conceitualiza as ações que fazem ou sofrem; aqui, os seres do mundo são transformados em "identidades narrativas". Por fim, a *causação* propõe que os seres do mundo ajam ou sofram ações por determinados motivos, estabelecendo relações de causa e efeito. Nesse sentido, a causação serve para inscrever os sujeitos do mundo em uma "relação de causalidade".

O processo de transação, diferentemente do de transformação, está mais voltado para o interlocutor e para a interação, representando a base do **contrato comunicativo** (um dos tópicos tratados no primeiro capítulo deste livro) estabelecido entre os sujeitos. Fundamenta-se a partir de quatro princípios: *alteridade*, *pertinência*, *influência* e *regulação*.

O princípio de *alteridade* define que um ato de linguagem é um fenômeno de troca entre dois parceiros. Esses parceiros devem-se reconhecer mutuamente para que haja a interação. Esse conhecimento, embora mútuo, é assimétrico. Nas palavras de Charaudeau e Maingueneau (2004: 35):

> Esse princípio [de alteridade] define o ato de linguagem como um ato de troca entre dois parceiros que são, no caso, o sujeito comunicante (eu) e o sujeito interpretante (tu). Eles se encontram em uma relação interacional não simétrica, já que cada um deles desempenha um papel diferente: um, o da produção do sentido do ato de linguagem, o outro, o da interpretação do sentido desse ato. "Instaura-se, então, entre os dois parceiros, um olhar avaliador de reciprocidade que postula a existência do outro como condição para a construção do ato de comunicação no qual se *coconstrói* o sentido" [...]. (grifo dos autores)

O **contrato de comunicação** é outro conceito basilar da Semiolinguística. Segundo Charaudeau e Maingueneau (2004: 132), o contrato de comunicação define-se como "o conjunto das condições nas quais se realiza qualquer ato de comunicação (qualquer que seja a sua forma, oral, escrita, monolocutiva ou interlocutiva)". Nesse contrato de comunicação que se instaura entre os sujeitos em interação, há sempre uma intencionalidade condicionada não só a um *espaço de restrições*, dado, por exemplo, pelos rituais linguageiros que regulam as práticas sociais em um dado espaço e tempo, como também, e ao mesmo tempo, a um *espaço de estratégias*, configurado pelas escolhas de que os sujeitos dispõem para dar conta de seu projeto de fala.

A verificação das semelhanças e diferenças entre os sujeitos é imprescindível na troca comunicativa porque é a partir de semelhanças, como saberes compartilhados e finalidades comuns, que o ato linguageiro se pode estabelecer. As diferenças são também significativas, já que são a razão para que um sujeito se reconheça como indivíduo: um sujeito só pode perceber a si mesmo diante do diferente, do *não-eu*, desempenhando um papel na situação de comunicação, como produtor ou interpretante da fala. Esse, portanto, vem a ser o princípio do aspecto *contratual* do ato de comunicação, visto que depende da identificação e da legitimação recíprocas dos parceiros da comunicação.

O princípio de *pertinência* ou *relevância* pressupõe que o ato de linguagem esteja apropriado ao contexto comunicativo, ou seja, os parceiros da troca linguageira devem reconhecer os saberes implicados no ato de linguagem, servindo-se do mesmo universo de referências a respeito de determinado tema. Nesse sentido, os atos de linguagem devem ser apropriados ao contexto e à finalidade a que se destinam. Nas palavras de Charaudeau e Maingueneau: "[...] o que torna o enunciado relevante é a possibilidade para o interpretante de construir inferências a partir de dados de um enunciado, colocando-os em relação com outros dados já registrados em sua memória". Charaudeau diz desse princípio que ele

> [...] implica que existe, por parte dos parceiros do ato de comunicação, um reconhecimento recíproco de aptidões-competências para falarem "sobre" e terem "direito à palavra". É preciso, portanto, por um lado, que esses parceiros possam supor que eles tenham uma intenção, um *projeto de fala* que dará ao ato de linguagem sua motivação, sua razão de ser, e, por outro lado, que, dado esse postulado de intencionalidade, eles postulem ainda, por meio da intervenção de um olhar avaliador, que o outro compartilha dos mesmos lugares de reconhecimento. (Charaudeau e Maingueneau, 2004: 429 – grifo dos autores)

O princípio de *influência* propõe que um indivíduo deseje influenciar outro durante uma troca comunicativa; nas palavras de Charaudeau (2005: 3): "todo sujeito que produz um ato de linguagem visa a atingir seu parceiro, seja para fazê-lo agir, seja para afetá-lo emocionalmente, seja para orientar seu pensamento". Dessa forma, ao produzir um ato de linguagem, o sujeito tem consciência de que procura atingir seu parceiro para que ele parta para a ação, para influenciá-lo do ponto de vista emocional ou ainda racional. Esse princípio depende de restrições, uma vez que, embora seja desejável influenciar o próximo da maneira que for mais conveniente ao enunciador, isso nem sempre é apropriado.

Finalmente, o princípio *de regulação*, que é estritamente ligado ao anterior. Os sujeitos do ato de comunicação procuram regular o jogo de troca linguageira por meio de diversas estratégias, já que o interlocutor do ato pode decidir ele mesmo exercer influência sobre o sujeito comunicante. Assim, o princípio de regulação, como o próprio nome sugere, vai regular, controlar a forma de um sujeito colocar-se no ato de linguagem – considerando sua identidade social, discursiva, o espaço-tempo em que se inscreve o ato e a maneira como pretende influenciar seu interlocutor. A manutenção do ato de linguagem dá-se por este princípio, caso contrário, atos linguageiros poderiam romper-se muito mais frequentemente. Dizemos isso, pois, a despeito dessa regulação, uma das partes envolvidas pode quebrar "as regras" norteadoras, consciente ou inadvertidamente. A esse respeito, Charaudeau afirma o seguinte:

> Tal princípio faz parte, consciente ou inconscientemente, daquilo que os parceiros sabem a respeito do ato de linguagem de que participam. Para que a troca implícita ao ato de linguagem não termine em confronto físico ou em ruptura de fala, ou seja, para que ela prossiga e chegue a uma conclusão, os parceiros procedem à "regulação" do jogo de influências. Para isso, eles recorrem a estratégias no interior de um quadro situacional que assegure uma intercompreensão mínima, sem a qual a troca não é efetiva. (Charaudeau, 2005: 16)

Ainda que constituídos por operações e princípios diferentes, os dois processos se realizam em conjunto. Essa dependência "equivale a marcar uma mudança de orientação nos estudos sobre a linguagem, buscando-se conhecer o sentido comunicativo (seu valor semântico-discursivo) dos fatos de linguagem" (Charaudeau, 2005: 16).

Segundo Charaudeau (2005), há entre os dois processos uma "solidariedade hierarquizada", pois, embora sejam interdependentes, é o processo de transação que controla as operações de transformação, filtrando e orientando seus sentidos.

> [...] é o processo de transação que comanda o processo de transformação e não o inverso. A finalidade do homem, ao falar, não é a de recortar, descrever, estruturar o mundo; ele fala, em princípio, para se colocar em relação com o outro, porque disso depende a própria existência, visto que a consciência de si passa pela tomada de consciência da existência do outro, pela assimilação do outro e ao mesmo tempo pela diferenciação com relação ao outro. A linguagem nasce, vive e morre na intersubjetividade. [...] Assim, todo discurso, antes de representar o mundo, representa uma relação, ou, mais exatamente, representa o mundo ao representar uma relação. (Charaudeau, 2006a: 41-2)

Vale destacar, ainda, que as operações descritas no processo de transformação permitem uma articulação com categorias gramaticais já conhecidas na descrição das línguas, uma vez que remetem à classificação morfológica de unidades como substantivos, adjetivos, verbos, advérbios, conectivos e modalizadores (processo de transformação). E mais, as operações descritas por Charaudeau para o processo de transformação se relacionam de forma mais ou menos predominante aos diferentes modos de organização do discurso – enunciação, descrição, narração e argumentação. Por exemplo, as operações de identificação e de qualificação estarão mais ligadas ao *modo descritivo de organização do discurso*, que pressupõe um procedimento em que se constrói uma visão estática da realidade, atribuindo-se uma identidade aos seres do mundo e classificando-os (Charaudeau, 2008a: 111-2).

Vê-se, portanto, que se configura nitidamente uma possibilidade de articulação entre língua e discurso na aula de Língua Portuguesa, conforme demonstra o quadro seguinte:

Categorias de discurso	Categorias de língua
Seres	Substantivos
Atributos	Adjetivos
Processos	Verbos
Relações	Conectores

NA AULA DE LÍNGUA PORTUGUESA: "COLOCANDO A MÃO NA MASSA"

Neste item, propomos duas aplicações práticas dos tópicos discursivos que acabamos de discutir. Utilizaremos uma tela de pintura e uma peça publicitária, para, respectivamente, trabalhar com os alunos a aplicação dos processos de transformação e de transação.

É claro que poderíamos exemplificar ambos os processos – de transformação e de transação – tanto na tela de pintura quanto na peça publicitária. Devido às limitações deste capítulo, decidimos exemplificar cada um separadamente.

Tela de Renoir

Em relação às possiblidades de articulação entre língua e discurso, vamos partir de um texto verbo-visual – pintura – para observarmos, na prática, como se realiza a semiotização do mundo, exemplificando, primeiramente, o processo da transformação:

Renoir, *O almoço dos barqueiros*.

Processo de transformação – de um mundo a significar a um mundo significado:

– seres: moças, rapazes, mesas, cadeiras, garrafas etc. > *identificação* (*ou nomeação*): *"identidades nominais"*;
– atributos: rapazes *jovens*, moças *bonitas*, reunião *agradável* etc. > *qualificação*: "*identidades descritivas*";
– processos: *conversar* (as pessoas conversavam), *observar* (uma moça observava), *haver* (havia garrafas na mesa) etc. > *ação*: "*identidades narrativas*";
– relações: no título *O almoço dos barqueiros* – os barqueiros descansam, conversam *porque* estão no horário do almoço – a sucessão dos fatos no mundo é geralmente explicada em relações de causalidade.

Peça publicitária antiga (1962)

Dando sequência à aplicação prática dos processos de semiotização do mundo, exemplificaremos, na sequência, o processo de transação.

Fonte: *Almanaque Gaúcho*, disponível em <https://www.propagandashistoricas.com.br/2015/10/sabao-em-po-rinso-1962.html>, acesso em 24 abr. 2020.

Processo de transação – a troca com o outro:

– *alteridade*: dois parceiros (emissor/receptor) – semelhantes (universos compartilhados: saberes)/diferentes (sujeito emissor: anunciante/sujeito receptor: público-alvo, sobretudo, as donas de casa): contrato de comunicação publicitário;
– *pertinência*: os atos de linguagem devem ser apropriados ao contexto e à sua finalidade: publicidade de produtos de limpeza – sabão em pó;
– *influência*: os atos de linguagem visam a persuadir o parceiro para fazê-lo agir ou para afetá-lo emocionalmente, no caso, visando à compra de Rinso;
– regulação do jogo de influências, pois a uma influência pode corresponder uma contrainfluência, daí o uso de estratégias no contrato de comunicação: regulação discursiva entre enunciador e interlocutor, por meio do contrato de comunicação do discurso publicitário, que emprega a "estratégia de singularização" – apoiada na de "pressuposição" – ao se destacar que, quando se lava com Rinso, "as cores ficam mais vivas... ainda muito mais bonitas" [...] "o vermelho é mais vermelho; o verde é mais verde, o azul é mais azul!...". Percebe-se, nitidamente, por meio do comparativo de superioridade, que se sobrelevam as qualidades de Rinso em detrimento das de qualquer outro sabão em pó, que seria o segundo membro da comparação pressuposto, ou seja, não explicitado.

Observamos, dessa forma, que a "semiotização do mundo" se impõe aos sujeitos nas interações comunicativas. No entanto, para dar conta desses processos sociolinguageiros, exige-se dos sujeitos, ao mesmo tempo, uma proficiência sociocomunicativa.

A COMPETÊNCIA (SOCIO)COMUNICATIVA

O que é ser competente nas interações humanas? Poder-se-ia dizer que é a capacidade de produzir e interpretar textos em situações concretas de comunicação. Mas isso envolve outros cuidados. Por exemplo: saber a quem nos dirigimos, com que intenção, em que situação. Saber, ainda, organizar o pensamento para transmitir informações que possam ser compartilhadas (conhecimento de mundo compartilhado) pelo interlocutor. E, ainda, cuidar para produzir e interpretar sequências linguísticas significativas ora descrevendo, ora narrando, ora argumentando.

Trata-se, então, da "competência sociocomunicativa", a capacidade que uma pessoa desenvolve – a partir do seu conhecimento linguístico (gramatical e lexical), conhecimento de mundo e da situação de comunicação – para, percebendo as diferenças na organização dos textos, produzi-los e/ou interpretá-los. Charaudeau (2009) destaca quatro tipos de competência: situacional, discursiva, semântica e semiolinguística.

A *competência situacional*, também chamada *competência comunicacional*, realiza-se no quadro *sociocomunicacional*. É o lugar em que se estabilizam as interações sociais, constituindo dispositivos de troca que funcionam como contratos de comunicação e que fornecem instruções sobre as maneiras de se comportar por meio da linguagem. Conforme Charaudeau (2009), esse é, também, o lugar da constituição dos gêneros, que serão chamados de "gêneros situacionais" significando que é um lugar de "instrução do como dizer". Essa competência determina, então, que todo sujeito que se comunica seja apto para construir seu discurso em função de três fatores: a *identidade dos parceiros* na troca comunicativa, a *finalidade* do ato, do seu *propósito temático* e as suas *circunstâncias materiais*. A *identidade dos parceiros* está relacionada ao *status*, *papel social* e *lugar que ocupam* nas relações de poder – a identidade do sujeito determina o seu direito à palavra; a *finalidade do ato de comunicação* diz respeito ao *objetivo* que o sujeito enunciador quer atingir, por exemplo, persuadir, instruir, solicitar etc. por meio do *ato de linguagem*; o *propósito* do ato de linguagem é a relação entre *tema* e *estrutura*, ou seja, situações comunicativas específicas determinam configurações específicas para seus atos de linguagem e, finalmente, as *circunstâncias materiais* impõem sobre os atos comunicativos certas características formais.

A *competência semântica* se realiza em função dos imaginários sociodiscursivos, lugar de estruturação das diversas representações sociais (ou sociodiscursivas) construídas pelo dizer e reconhecidas, portanto, em discursos que circulam nos grupos sociais. Essas representações resultam de diferentes tipos de saberes – *saberes de conhecimento* e *saberes de crença* – que muitas vezes se encontram misturados. Vale lembrar que a estruturação do saber depende da maneira como o olhar do homem se orienta: se voltado para o mundo, organiza-o em categorias de conhecimento; se voltado para si mesmo, tende a construir categorias de crença (Charaudeau, 2006a: 43).

> **Os modos de organização do discurso** serão discutidos mais à frente, no capítulo que tem esse mesmo título.

A *competência discursiva* diz respeito à capacidade dos sujeitos envolvidos no ato comunicativo para *manipular* (sujeito comunicante) e *reconhecer* (sujeito interpretante) as estratégias postas em jogo durante o ato de linguagem, por meio da modalização, ou seja, dos modos de organização do discurso. Conforme Charaudeau (2008a), **os modos de organização do discurso** caracterizam os procedimentos utilizados pelo sujeito para ordenar determinadas categorias de língua a fim de atingir o objetivo do seu ato comunicativo. O autor os classifica em quatro tipos: o enunciativo, o descritivo, o narrativo e o argumentativo (Charaudeau, 2008a: 74).

Por fim, a *competência semiolinguística*, que se relaciona a três aspectos textuais – a *estruturação do texto*, a *construção gramatical* e o *emprego do léxico*. A competência em nível textual diz respeito à capacidade do sujeito comunicante de manejar ou elaborar, e do sujeito interpretante de perceber os mecanismos de construção de sentido, como os modos de organização do discurso, mecanismos de coesão, de decodificação de conteúdos implícitos inferíveis dos explícitos, ou de elementos extratextuais etc. A competência semiolinguística, em nível gramatical, diz respeito às habilidades dos sujeitos com relação ao sistema da língua – como o emprego de vozes verbais, conectores, orações reduzidas ou desenvolvidas etc. –, e a competência de nível lexical está ligada ao contrato de comunicação, uma vez que essa competência designa a capacidade de os sujeitos fazerem escolhas lexicais (sujeito comunicante) que atendam às suas intenções comunicativas ou de perceberem (sujeito interpretante) as intenções que determinaram as escolhas feitas (Charaudeau, 2001a: 17-8).

APLICAÇÃO PRÁTICA: DO MUNDO SIGNIFICADO AO MUNDO INTERPRETADO

Neste tópico, propomos mais algumas atividades que demonstram a possibilidade de articulação discurso/gramática.

Comecemos pela leitura da fábula seguinte:

O lobo e a cabra

(Fábula de Esopo)

Um lobo faminto espiava uma cabra que pastava no alto de um penhasco íngreme, onde ele não conseguiria chegar.
– Esse lugar é muito perigoso para a senhora – ele gritou, fingindo estar muito preocupado com a segurança da cabra.
– Imagine se a senhora cai. Escute-me e desça daí. Aqui a senhora encontrará a mais saborosa e tenra grama da região.
A cabra olhou para a beira do penhasco.
– Quão ansioso o senhor está! E como se preocupa com o que eu como! Mas eu o conheço. É no seu próprio apetite que está pensando e não no meu!
Um convite motivado pelo egoísmo não deve ser aceito.

Fonte: Esopo, *The Aesop for Children: with Pictures by Milo Winter*, USA: Library of Congress (public domain). Disponível em: <http://read.gov/aesop/082.html>, acesso em 8 fev. 2020 (tradução e adaptação nossas).

Classificação dos vocábulos sob perspectiva semântica e textual

Retornando aos pressupostos teóricos da Teoria Semiolinguística de Análise do Discurso, especificamente, ao processo de semiotização do mundo, em seu recorte da "transformação", teríamos:

- *Função de nomeação* – seres, processos e atributos:
  lobo, cabra, penhasco, grama, apetite / espiava, pastava, gritou, cai, como (de "comer") / íngreme perigoso, saborosa, tenra, ansioso;
- *Função de atualização* – determinantes
  Um, a, minha
- *Função de relação* – conectores
  E, que, mas
- *Função de **modalização*** – modalidades
  Não deve ser aceito (sugestão: **modalidade deôntica** atenuada)

A ***modalização*** diz respeito à atitude do sujeito falante em relação ao que enuncia, deixando, no enunciado, marcas de diversos tipos – gramaticais, lexicais, prosódicas, mímicas etc. Trata-se, portanto, de uma problemática da enunciação.

A ***modalidade deôntica*** relaciona-se com obrigações e permissões. Ao lado da *modalidade alética* (que reflete a escala lógica que vai do necessário ao impossível, passando pelo possível e pelo contingente) e da *modalidade epistêmica* (que se relaciona ao fato de as proposições terem a capacidade de apontar a crença, o conhecimento e até a opinião do falante) constitui, juntamente com essas, subpolarizações das modalidades abrigadas sob as noções de "necessidade" e "possibilidade".

Praticando "epilinguisticamente"

Aqui cabe um breve comentário sobre as atividades "epilinguísticas" propostas pelo professor Carlos Franchi. Como estratégia de aproximação à teoria gramatical, o professor destaca que é importante se fazer distinção entre atividades linguísticas, metalinguísticas e "epilinguísticas". A atividade linguística "é o exercício pleno, circunstanciado, intencionado e com intenções significativas da própria linguagem" (Franchi, 2006: 95); a atividade metalinguística, como sabemos, consiste em usar a língua para se falar da própria língua. Finalmente, a atividade epilinguística cria condições para o exercício do saber linguístico das crianças, por meio da gramática internalizada de que se utilizam nas trocas interativas com os adultos e com seus colegas, "quando a criança se exercita na construção de objetos linguísticos mais complexos e faz hipóteses de trabalho relativas à estrutura de sua língua" (Franchi, 2006: 97). É com base nesse tipo de abordagem que propomos as atividades a seguir.

a) Em nosso vocabulário, o "nome" "lobo" significa voracidade. Que simbolizam, em nossa cultura, os animais nomeados a seguir?

formiga / pomba / touro / leão / lesma / pavão / raposa / cão

b) Em termos de vocabulário, qual a diferença entre as duas ocorrências do vocábulo sublinhado?

"E como se preocupa com o que eu como!"

c) Observando as identidades nominais e as identidades descritivas, responda: "Velho amigo" tem o mesmo valor semântico que "amigo velho"?

d) Observe as estruturas seguintes em que se trabalham "identidades descritivas" (adjetivos) e "identidades nominais" (substantivos abstratos): "*Esperto* lobo" > "*Esperteza* do lobo"/"Comida *saborosa*" > "*Sabor* da comida". Agora tente criar outras estruturas semelhantes.

e) – Esse lugar é muito perigoso para a senhora – ele gritou, fingindo estar muito preocupado com a segurança da cabra.

Observe o verbo ("ação") sublinhado no enunciado anterior. Que outros "verbos de elocução" (**verbos *dicendi***) poderiam ser usados (Garcia, 1995)?

Verbos *dicendi* ou de elocução são verbos que têm como principal função indicar o interlocutor que está com a palavra. Pertencem, de modo geral, a nove áreas semânticas, que acolhem verbos tanto de sentido mais geral, quanto de sentido mais específico: de dizer, de perguntar, de responder, de contestar, de concordar, de exclamar, de pedir, de exortar, de ordenar (Garcia, 1995: 131).

f) Agrupe os verbos seguintes nas subáreas correspondentes, elencadas ao lado:

afirmar, declarar, gritar, berrar, vociferar, proferir, discorrer, dissertar, explanar esclarecer, elucidar, debater, polemizar, indagar, interrogar, questionar, replicar, retrucar, retorquir, denominar, nomear, alcunhar, cognominar, sussurrar, segredar, balbuciar, rejeitar, indeferir, recusar.	1. Dizer simplesmente; 2. discutir; 3. chamar; 4. gaguejar; 5. negar; 6. apelidar; 7. murmurar; 8. perguntar; 9. responder; 10. exclamar com veemência; 11. explicar; 12. expor; 13. negar; pronunciar em voz alta.

g) Falando em identidades descritivas (ou atributos).

Escolha, na relação a seguir (dos substantivos), o adjetivo que melhor caracterize as ações, atitudes, movimentos ou gestos de:

SUBSTANTIVOS	*lobo, cabra, cavalo novo, lebre, dançarino, bêbado, criança*
ADJETIVOS	*irrequieto, impetuoso, ágil, ritmado, cambaleante, voraz, manso*

h) Vamos dizer de outra maneira? Reescreva a fábula com suas palavras.

i) Função de atualização: quando um referente novo é introduzido, emprega-se o artigo indefinido. Quando o mesmo referente é retomado, deve ser antecedido do artigo definido, pois já é conhecido. É o que ocorre no exemplo i':

i') Um lobo espiava uma cabra que pastava. A cabra saiu do penhasco.

Observe, agora, o exemplo i'':

i'') Um lobo espiava uma cabra que pastava. Uma cabra saiu do penhasco.

À primeira vista, o enunciado é mal formado. Se insistirmos em deixá-lo como está, que novo efeito de sentido pode ser depreendido?

DINAMIZANDO AS AULAS DE LÍNGUA PORTUGUESA

Fica bem claro, nessa proposta, que não se pode mais pensar em um estudo de gramática compartimentalizado, centrado apenas na metalinguagem, reduzindo-se as aulas de Língua Portuguesa à taxonomia e à nomenclatura em si e por si (Neves, 2003:18).

Percebe-se, portanto, ser possível dinamizar as aulas de Língua Portuguesa, articulando gramática e discurso, ou seja, partir-se de uma perspectiva discursiva, não prototipicamente codificada, para adentrar, a seguir, os conteúdos gramaticais.

Conforme a sempre atual professora Koch (2003: n. p.):

> [...] a maior "novidade" no ensino de língua materna é o deslocamento que se vem operando já há alguns anos do foco na gramática normativa para o foco no texto.
> Contudo é preciso entender bem o que isto significa:

- Não quer dizer que a gramática seja inútil e não deva ser ensinada. Mas sim que é possível ensinar gramática dentro de práticas concretas de linguagem.
- Também não significa fazer do texto um simples pretexto para ensinar gramática.
- Nem significa que se deva inculcar nos alunos complicados conceitos linguísticos recém-aprendidos na Universidade.
- Significa, isto sim, levar o aluno a uma reflexão sobre como se produzem sentidos na interação social por meio da língua, ou seja, por intermédio de textos.

A importância da interseção texto/gramática vem sendo posta em relevo por muitos linguistas, já há algum tempo. Halliday (1994: xvii), por exemplo, declara que

> [...] um texto é uma unidade semântica, não uma unidade gramatical. Mas os significados são realizados por meio de fraseados; e, sem uma teoria dos fraseados – isto é, uma gramática – não há como tornar explícita a interpretação do sentido de um texto. Então o interesse atual da análise do discurso está, de fato, em criar um contexto em que a gramática tenha um lugar central. (tradução livre da autora)[1]

Parafraseando Halliday, entendemos que o interesse da análise semiolinguística do discurso, em especial, está em se considerar o contexto situacional e trabalhar diferentes tipos e gêneros textuais nesse contexto, já que os textos são a matéria-prima de todo trabalho com a língua. São o ponto de partida, porque é neles que os alunos descobrirão os modos de construção e o ponto de chegada, porque a partir da reflexão de textos produzidos por outros o aluno será capaz de produzir seus próprios textos.

Nota

[1] "A text is not a semantic unit, not a grammatical one. But meanings are realized through wordings; and without a theory of wordings – that is, a grammar – there is no way of making explicit one's interpretation of the meaning of a text. Thus the present interest in discourse analysis is in fact providing a context within grammar has a central place."

Uma gramática da expressão e do sentido

Patricia Neves Ribeiro

Este capítulo discorre, em sentido amplo, acerca de **incidências** da Teoria Semiolinguística sobre o ensino de Língua Portuguesa com vistas a um estudo mais produtivo da gramática nas salas de aula da educação básica. De modo mais específico, em nome desse ensino mais produtivo, este texto trata não só da fundamental integração, sugerida pela Teoria Semiolinguística de Análise do Discurso, entre *intencionalidades*, *expressão* e *produção de sentido*, como também apresenta uma proposta prática que visa, justamente, ao alcance desse objetivo.

Em uma das acepções apresentadas pelo *Dicionário Houaiss da Língua Portuguesa* (2001: 1.593) para a palavra **incidência**, destaca-se a ideia de "encontro de (algo) com uma superfície", que é exemplificada, na própria publicação, por "a incidência de um raio luminoso". Nessa direção, a Análise Semiolinguística do Discurso é alçada aqui a uma teoria passível de se pôr em diálogo/incidir com/sobre práticas de ensino de língua na educação básica.

Pensar a respeito das incidências pedagógicas sobre o ensino de língua advindas da Teoria Semiolinguística – importante corrente de estudos do discurso inaugurada pelo pesquisador francês Patrick Charaudeau na década de 80 do século XX e desenvolvida por ele e outros estudiosos, em diversas partes do mundo, até os nossos dias – é assumir uma visão de gramática pautada no *sentido* e na *expressão*. Segundo Charaudeau (1992: 4), uma *Gramática do sentido e da expressão* define-se como aquela que centra seu interesse sobre a descrição dos fatos de linguagem em consideração a três aspectos: a *intencionalidade* do sujeito falante e o *objetivo comunicativo* dado no escopo de um quadro contratual – aos quais estão submetidas as escolhas das categorias de linguagem – e os *efeitos de discurso* advindos dos mais diversos usos linguageiros.

Sob esse tripé, uma *Gramática do sentido e da expressão* insurge-se como uma forma de ensinar língua e seus mecanismos lexicais e gramaticais – como flexões nominais e verbais, classes de palavras e combinações sintáticas – em atenção a uma tripla função (Charaudeau, 2015a: 253): de "expressão" das *intencionalidades* comunicativas dos sujeitos falantes harmonizadas às singularidades dos quadros situacionais em que tais sujeitos se inserem; de "acionamento de estratégias de discurso" no alcance dos *objetivos comunicativos* em função das particularidades situacionais; de "descoberta das formas linguísticas" na relação com os *efeitos de sentido* que produzem.

Na esteira dessa concepção de uma *Gramática do sentido e da expressão*, desperta-se sobre o educando, no processo de ensino-aprendizagem, o papel de quem é capaz de fazer uso de formas em contexto e de percebê-las segundo o *sentido posto em cena*. Sob esse escopo, incide também sobre o aprendiz a imagem daquele que reutiliza e apreende as formas linguageiras com consciência, compreendendo que as escolhas vocabulares e os mecanismos gramaticais servem para que ele se *expresse*, *produza sentido* e, simultaneamente, *reflita* sobre (seus) modos de dizer, para além de assumir a mera função de repetidor de formas e de estruturas linguísticas.

Ao se abordar a ideia de que há sempre um *sentido em jogo* na relação com as *formas linguageiras em uso*, depreende-se o fato de que, na aprendizagem de uma língua, estão inevitavelmente envolvidos "saberes e/ou habilidades relativos aos conteúdos de nossos textos e às formas que lhes damos" (Azeredo, 2007: 106). Na base dessa interdependência entre forma e conteúdo, encontra-se um conceito caro à Semiolinguística e fundamental, segundo esta perspectiva, ao ensino de língua, qual seja, o da *intencionalidade*.

Sendo o conceito de *intencionalidade* central a este capítulo na convergência com uma reflexão acerca de incidências da Semiolinguística sobre o ensino de língua, trataremos de abordá-lo na próxima seção. Em continuidade, seguir-se-ão mais duas partes: uma voltada à exploração de outros aspectos teóricos conjugados – como os *sujeitos e suas identidades* – e uma última centrada sobre práticas de aplicação da teoria ao ensino de língua, visando a um maior proveito possível, por parte dos educandos, da leitura para fins não só de compreensão/interpretação, como também de observação e aquisição de procedimentos de textualização.

O QUE VALE É A INTENÇÃO?

Parece já bastante consensual a ideia de que, no quadro das interações sociais, "o que vale é a intenção". Esse dito cristalizado, aliás, está posto em citações, títulos de livros, tirinhas, como o que se enuncia na frase de grande circulação em redes sociais: "Nem sempre sabemos a melhor maneira de ser gentil. O que vale é a intenção". Em contrapartida, conforme bem explicita o provérbio chinês "Não basta dirigir-se ao rio com a intenção de pescar peixes; é preciso levar também a rede", toda intenção valida-se, em verdade, por uma ação.

Do senso comum à perspectiva semiolinguística de análise do discurso, há que se dizer que o termo de interesse sobre o qual a teoria irá se centrar como ponto de partida para uma reflexão sobre um ensino produtivo de língua é **intencionalidade**. De acordo com Charaudeau (2008a: 48), **intencionalidade** equivale ao termo *projeto de fala*, isto é, à mobilização de ações protocolares e, também, estratégicas sobre o outro, com vistas a influenciá-lo. Nesse sentido, também para a Semiolinguística, toda inten(ção)cionalidade pressupõe uma ação, um acionamento, em dada situação comunicativa, de formas gramaticais e lexicais e suas combinações, reveladoras de um *projeto de fala* subjacente.

Há que se ressalvar que, a despeito dos variados e importantes parâmetros conceituais para a **intencionalidade** no âmbito de uma ótica filosófica, elegemos, neste estudo, tratar o conceito em perspectiva discursiva.

Para ilustrar a relação mútua entre intencionalidade (projeto de fala) e ação (emprego de formas linguísticas e suas combinações), consideremos a seguinte situação comunicativa. Imaginemos que, no decorrer de uma aula de História, uma professora, com o propósito de convocar os estudantes para novo tema de discussão, escreva sobre a lousa, primeiramente, o nome "PENTÁGONO" e, em segundo plano, o termo "KREMLIN". Diante das duas designações, nesse mesmo contexto, consideremos que uma aluna apresente inquietações, no escopo da relação contratual da sala de aula, e sugira que o professor defina os termos apresentados e os contextualize, sendo o primeiro termo um nome atribuído à sede do departamento de Defesa dos Estados Unidos e o segundo à sede do governo da Rússia.

Suponhamos agora que a aula seja de Matemática. Neste caso, a apresentação do nome "PENTÁGONO" corresponderá, muito provavelmente, a outro significado, qual seja, o da forma geométrica, em conformidade com o de outros termos que poderiam ser também expostos pela professora, como "QUADRADO" e "CILINDRO". A apresentação desse significado e a do outro evidenciado na aula de História corresponderão à expectativa de troca assinalada na base da relação contratual típica da sala de aula. Além disso, a exposição dos diferentes significados atesta os projetos de fala evocados sob a intencionalidade de esclarecimento de conteúdos atinentes a cada disciplina em foco.

Consideremos, por sua vez, uma outra cena comunicativa, aquela em que a fala da personagem Mafalda – do cartunista argentino Quino – no papel também de aluna, agora em aula de Matemática, identifica-se, inevitavelmente, a outro projeto de fala, frente à pergunta e ao comentário que lança após a professora anunciar o estudo da figura geométrica pentágono: "E amanhã estudaremos o KREMLIM? Digo... para equilibrar" (Quino, 1999: 41). Nesse caso, é flagrante uma intencionalidade irônica advinda do ato de linguagem em questão. Sob essa nova situação comunicativa, parece claro certo desvio do contrato pressuposto da sala de aula, de cunho didático-pedagógico, para um outro estabelecido como uma suposta conversa agora de natureza político-social, que Mafalda gostaria também de partilhar em aula de Matemática, em concordância com o já atestado por Lins (2011: 223).

Para leitura da tirinha, recomenda-se consulta à obra de Quino intitulada *O irmãozinho de Mafalda* (1999: 41).

Diante do exposto, em sentido amplo, e frente ao **processo** – mais específico – **de semiotização do mundo** (passagem de um mundo a significar a um mundo significado) evocado, parece ficar claro que a intencionalidade produz atos de linguagem e comanda as escolhas linguageiras que os estruturam. Em outros termos, as operações linguísticas, exemplificadas pelo emprego de substantivos ("PENTÁGONO" e "KREMLIN") para a identificação de referentes, e os princípios subjacentes, ilustrados nos projetos de fala em questão – dependentes de intercompreensão entre os parceiros da linguagem – correspondem ao que, para Charaudeau (2005: 17), está na origem de qualquer ato de linguagem: o **postulado da intencionalidade**, de Searle.

Para melhor compreensão do **processo de semiotização do mundo** postulado por Charaudeau, recomenda-se a leitura do capítulo "O olhar discursivo para uma metodologia integrada", nesta mesma obra.

Segundo Charaudeau (2010a: 5), o **postulado de intencionalidade** "não designa o que seria a intenção comunicacional do sujeito falante, mas o fato de que todo ato de linguagem é fundado na intenção, fundado naquilo que permite dizer que ele tem um sentido, sem que seja considerada a particularidade deste sentido".

E se é mesmo assim, defende o teórico não ser mais possível contentar-se, de forma isolada, com, por exemplo, operações de identificação/nomeação, sendo essencial tratá-las no quadro situacional marcado por um *projeto de intencionalidade*. Frente a essa visão, pontua-se uma alteração clara sobre a forma de estudar linguagem, pondo-se ênfase sobre a importância de se conhecer também o *sentido comunicativo* dos fatos linguageiros (Charaudeau, 2005: 16).

INTENCIONALIDADE, EXPRESSÃO E SENTIDO

Ao assumirmos que a *intencionalidade* está mesmo na base de qualquer ato de linguagem, bem como o *sentido comunicativo* decorrente, é cabível fazer com urgência o seguinte questionamento: por que não iluminamos as aulas de Língua Portuguesa entendendo que toda expressão (forma) linguística tem como fundamento o postulado da intencionalidade (sentido)? Muitas vezes, o trabalho com as operações de transformação, evocadoras do uso de classes de palavras para identificar (pelos substantivos), qualificar (via adjetivos), modalizar (com advérbios) e indicar ação (via verbos) e relação (pelos conectores), dá-se de maneira apenas isolada, sob a égide de uma abordagem metalinguística do componente linguístico, como um fim em si mesmo.

> Há que se ressaltar que esses exemplos serão retomados ainda neste capítulo para ampliação da discussão proposta.

Com o intuito, por exemplo, de abordar o conteúdo das orações subordinadas adverbiais condicionais, apresentamos, muitas vezes, aos nossos alunos, períodos descontextualizados (fora de uma cena comunicativa) e suas classificações – como, por exemplo: *Se beber* (oração subordinada adverbial condicional), *não dirija* (oração principal) ou *Se for dirigir* (oração subordinada adverbial condicional), *não beba* (oração principal).

A origem dessa postura pedagógica aponta para o que se convencionou chamar de *organização cumulativa* quanto à seleção de conteúdos, à progressão dos mesmos e às justificativas de estudo. Sob esta perspectiva, a lista dos assuntos gramaticais a serem ensinados – da fonologia para a sintaxe e daí para a semântica da frase, onde parece acabar o universo dos fenômenos linguísticos – demonstra ignorar, segundo Mendonça (2006: 203-4), dois aspectos fundamentais, quais sejam, o de que a "aquisição da linguagem se dá a partir da produção do sentido em textos situados em contextos de interação específicos e não da palavra isolada (do macro para o micro)" e o de que "o objetivo de formar usuários da língua (pessoas capazes de agir verbalmente de modo autônomo, seguro e eficaz, tendo em vista os propósitos das múltiplas situações de interação em que estão engajados)" fica ocultado frente ao privilégio dado à formação de analistas da língua.

Sobre o primeiro ponto ainda, Mendonça (2006: 203), salientando que, sendo "o fluxo natural da aprendizagem [...] da competência discursiva para a competência textual até a competência gramatical", afirma que, como consequência, "o isolamento de unidades mínimas só tem razão de ser se retornar ao nível macro, ao nível da compreensão do funcionamento da linguagem que auxilia na formação ampla dos falantes". Em outros termos, a sistematização necessária dos componentes gramaticais e lexicais deve articular-se, em algum momento do processo de ensino-aprendizagem, à *intencionalidade discursiva*. A intencionalidade os coloca no quadro de uma situação comunicativa com vistas à produção de efeitos de sentido sobre o outro, seja sob o percurso da expressão (forma) ao sentido, seja sob o caminho que parte do sentido e chega à expressão (forma) (Charaudeau, 2015a: 255).

Há que se esclarecer que todas essas ponderações não estão a defender que, nas salas de aula da educação básica, seja dado um tratamento meramente instrumental aos recursos linguísticos. Muito menos estamos a sustentar que seja atribuída qualquer restrição ao ensino da gramática, considerada um "conjunto de expedientes linguísticos, de alcance textual nos níveis micro e macroestruturais, que permitem que qualquer enunciado signifique, produza sentido, o qual se manifesta de forma a um só tempo sistemática e variável" (Vieira, 2018: 59).

São, entretanto, ponderações que chamam a atenção para o fato de que, obediente às regras de um sistema e suscetível à variabilidade, qualquer enunciado derivado desse conjunto de expedientes linguísticos (de uma gramática que licencia a produção de sentidos) clama por uma análise que apreenda tal enunciado no quadro da enunciação. Sob a tutela da Teoria Semiolinguística do Discurso, defendemos que, nas salas de aula de ensino de língua, possamos encaminhar os alunos a vislumbrar mecanismos gramaticais e recursos lexicais, bem como suas combinações, a partir de "um ajustamento entre meios de expressão disseminados socialmente (*enunciados*) e intencionalidades pressupostas (*enunciação*)" (Pauliukonis et al., 2019: 157), atentando para o constante intercâmbio entre língua e discurso.

Qualquer análise que despreze a intencionalidade situada do ato de linguagem parece não contribuir, efetivamente, para o desenvolvimento da competência comunicativa dos alunos. Essa ideia, aliás, ecoa das próprias diretrizes sustentadas pelos Parâmetros Curriculares Nacionais (2000) e das orientações dadas pela Base Nacional Comum Curricular (2016), na consideração de que se devem enfatizar, em aulas de língua, as práticas de uso da linguagem e de que parece ser "mais significativo que o aluno internalize determinados *mecanismos e procedimentos básicos* ligados à coerência e à coesão do que memorize, sem a devida apreensão de sentido, uma série de nomes de orações subordinadas ou coordenadas" (2000: 70-1).

Esses *mecanismos e procedimentos* devem ser apreciados como elementos que formam textos (enunciações enunciadas), entendidos como verdadeiros atos de linguagem. Isso significa dizer que são instanciados por intencionalidades, como propõe o professor Patrick Charaudeau (1995: 101), ao citar que "um ato de linguagem carrega em si uma intencionalidade (a dos parceiros da troca comunicativa)".

Assim, frente ao desafio de ensinar uma língua e seus mecanismos e procedimentos lexicais e gramaticais – formatadores de textos –, em atenção à ideia de que se trata de expressão de intencionalidades de parceiros em determinada troca comunicativa, insurge-se a seguinte questão: como, didaticamente, realizar a articulação entre a enunciação (intencionalidade pressuposta) e o enunciado (expressão decorrente) para a exploração dos textos e de sua composição gramatical e lexical? Em conformidade com Charaudeau (1995: 101), a resposta seria dada a partir de uma possível exploração da identidade dos próprios parceiros das trocas comunicativas, uma vez que, "inserido em determinada situação, portador de um propósito sobre o mundo, o ato de linguagem está na dependência da identidade desses parceiros, resultado de um desejo de influência por parte do sujeito comunicante".

Tomando este pressuposto, apresentamos, a seguir, uma possibilidade de ensino de conteúdo gramatical. Centrando-se sobre dada configuração textual-discursiva, propomos a focalização da relação **expressão** e **sentido** com ênfase no imbricamento entre intencionalidades e identidades. Para tanto, retomemos os exemplos apresentados anteriormente: "*Se beber, não dirija*" e "*Se for dirigir, não beba*", mas, agora, sobredeterminados pelo contrato mais amplo de comunicação propagandística.

A primeira ocorrência, seguida por um ponto de exclamação ("*Se beber, não*

Esta propaganda está disponível em: <https://www.youtube.com/watch?v=FDbLNs2ON5Q>. Acesso em: 2 abr. 2020.

dirija!"), figura numa propaganda do Sindicato **MC**, veiculada nas redes sociais. Em letras garrafais, as palavras da segunda oração (*Não dirija*) aparecem em dimensão maior relativamente às da primeira oração (*Se beber*). Além disso, o período se sobrepõe a uma imagem de lata amassada em que aparece o desenho de um carro, simulando-se, assim, um acidente de trânsito ocasionado por ingestão de bebida alcoólica. Sendo ainda uma propaganda em texto verbo-voco-visual (um vídeo), há ao fundo as vozes dos DJ Ferrugem, Pink e André BPM, criadores e cantores do funk entoado na campanha.

MC: acrônimo de Mestre de Cerimônia no universo do funk, rap e hip hop.

A segunda ocorrência ("*Se for dirigir, não beba*") figura numa propaganda da Cervejaria Brahma, veiculada também nas redes sociais. Em letras garrafais, o período aparece sobreposto a uma faixa azul que corta a propaganda de um lado a outro. Além disso, o período também se sobrepõe à imagem de um grupo de pessoas alegres, empunhando copos de cerveja, do qual se destaca a figura do compositor e cantor Zeca Pagodinho.

Esta propaganda está disponível em: <https://muzeez.com.br/historias/cerveja-brahma-zeca-pagodinho-amor-de-verao/T7HJRNNwxNmJqobQw>. Acesso em: 2 abr. 2020.

Por fim, vale ressaltar que os logotipos também aparecem, como é próprio do gênero textual em foco, nas duas propagandas apresentadas. Ambos se localizam no canto superior direito de cada anúncio selecionado.

Assim, com apoio nas propagandas descritas e à luz da Teoria Semiolinguística de Análise do Discurso, acenamos para um estudo da *operação de condição* partindo da identificação e da manipulação das construções sintáticas correspondentes, exibidas nos anúncios em foco, a saber: "*Se beber, não dirija*" e "*Se for dirigir, não beba*". Esse caminho de estudo se justifica uma vez que o mundo da linguagem se estrutura sob formas que devem ser consideradas na interface com os jogos de sentido produzidos. Nessa direção, tais formas serão tomadas como verdadeiras expressões das *intencionalidades discursivas* de comunicação de sujeitos falantes e resultado do acionamento de *estratégias de discurso* no escopo do contrato comunicativo firmado.

Partindo, pois, da identificação das construções evidenciadas nos anúncios em questão com vistas a uma sistematização, seguimos propondo uma articulação entre expressões (formas) e sentidos (intencionalidades), sobretudo por defendermos, com Azeredo (2007: 106), que o "ensino da língua é [...] o ensino dos modos pelos quais os conteúdos ganham forma no texto". Consideradas

Para melhor compreensão do **quadro dos sujeitos** postulado por Charaudeau, recomenda-se a leitura do capítulo "A Semiolinguística vai para a escola", nesta mesma obra.

como expressões de intencionalidades e estando estas na dependência das identidades dos parceiros da troca comunicativa, passemos a examinar as referidas identidades, não sem antes, contudo, esclarecer uma das especificidades do **quadro dos sujeitos** (com suas correspondentes identificações), proposto por Charaudeau (2008), no bojo das interações sociais.

Para o teórico, todo ato de linguagem, comandado por circunstâncias sociais, advém, em sua totalidade, de um jogo entre o circuito interno *da* fala configurada (espaço interno) e o circuito externo *à* fala configurada (espaço externo), não sendo resultado de uma única intenção de um emissor nem de um duplo processo simétrico entre emissor e receptor. Trata-se, pois, de um dispositivo em que se entrevê um Eu-enunciador (da esfera interna), guiado por um Eu-comunicante (da esfera externa), e um Tu-destinatário (da esfera interna), projetado por esse mesmo Eu-comunicante e ligado a um Tu-interpretante (da esfera externa).

Os sujeitos ditos internos são, assim, o Eu-enunciador e o Tu-destinatário e configuram-se como "representações linguageiras das práticas sociais", sendo definidos como sujeitos de fala, materializados e instituídos na fala, verdadeiros protagonistas/atores na encenação comunicativa. Já os sujeitos ditos externos são, por sua vez, o Eu-comunicante – mentor responsável pelo ato de produção – e o Tu-interpretante – sujeito independente do EU – descritos como parceiros "reais" da troca linguageira, historicamente determinados sob uma identidade psicológica e social, e ligados por um contrato comunicativo. Vale acrescentar que o Eu-enunciador é uma imagem construída pelo Eu-comunicante e, no ato de produção, "representa seu traço de intencionalidade" (Charaudeau, 2008a: 48).

Tendo delineado tal refinamento teórico, detalhemos as identidades e intencionalidades discursivas, em jogo, nas duas propagandas anteriormente apresentadas. Nessa etapa, após a *identificação* e a *manipulação* das ocorrências "*Se beber, não dirija*" e "*Não dirija, se for beber*", assumimos o compromisso de *explorar as intencionalidades discursivas* projetadas, calcadas em diferentes identidades. Assim, objetivando demonstrar como instanciam duas formas diversas de dizer *a operação de condição*, contribuímos para a postulação de um ensino calcado também na reflexão sobre formas em uso, muito mais do que voltado apenas à classificação de orações subordinadas adverbiais.

Analisando os anúncios em foco, será preciso salientar, inicialmente, que a relação contratual estabelecida nos textos em questão é dependente, sobretudo, do **componente psicossocial** (com destaque aqui para o estatuto institucional) das *identidades dos parceiros* do circuito externo da comunicação. No primeiro exemplo, o Eu-comunicante é um publicista identificado a uma instituição sindical (Sindicato MC) e, no segundo exemplo, o publicista é um Eu-comunicante que possui estatuto de uma fábrica de cerveja (Brahma). Ainda que estejamos em face de um contrato de comunicação propagandístico mais geral, sendo tais estatutos psicossociais dos comunicantes tão diversos, serão também variantes as relações contratuais adotadas em cada caso particular. Por isso, diante do primeiro anúncio, deparamo-nos com uma propaganda promocional, sustentada por valores éticos; frente ao segundo anúncio, encontramos uma propaganda dita comercial, voltada à exploração de um universo de desejos.

Quanto ao **componente psicossocial**, Charaudeau propõe considerar a existência de uma identidade social que diz respeito a um grupo de traços segundo os quais o sujeito do circuito externo é definido, a saber: idade, sexo, estatuto, lugar hierárquico, legitimidade para falar, qualidades afetivas (Charaudeau e Maingueneau, 2004: 266).

Com vistas a uma pesquisa mais detalhada do contrato de comunicação publicitário, em dimensão semiolinguística, sugere-se a leitura do livro *A publicidade pelo avesso*, de Rosane Monnerat (2003).

A partir dessa primeira constatação, cada Eu-comunicante projeta um Eu-enunciador e um Tu-destinatário, os quais atuam em um mundo de palavras, sob **identidades discursivas**, sobretudo, pela colocação de estratégias no texto, sendo, nos exemplos em tela, vinculadas a expressões de condição. O Eu-comunicante do primeiro anúncio, ao imaginar seus leitores como motoristas em geral – trata-se de propaganda que se centra na ideia de *segurança no trânsito* como objeto de troca –, projeta-se, no espaço interno do ato de linguagem, como um Eu-enunciador a representar o papel de um conselheiro. Na referida propaganda veiculada em plataforma digital, esse conselheiro, a sugerir cautela no trânsito, vem materializado pela "voz" dos DJ Ferrugem, Pink e André BPM, criadores e cantores de um dos funks de fundo da campanha.

A **identidade discursiva**, própria do circuito interno, é descrita com base em categorias de enunciação, em modos de tomada da palavra, em papéis enunciativos e modos de intervenção (Charaudeau e Maingueneau, 2004: 266-7).

Por seu turno, o Eu-comunicante do anúncio 2, ao idealizar seus interlocutores como consumidores de cerveja – trata-se de propaganda que se centra em uma *bebida* como objeto de troca –, desenha-se, no campo interno do ato de linguagem, como um Eu-enunciador a assumir o papel de um benfeitor. Como tal, oferece um bem para a satisfação de desejos pessoais, sendo encenado pela figura do cantor e compositor Zeca Pagodinho.

Sob duas diferentes condições sociais, materializadas nas diferentes identidades psicossociais dos sujeitos comunicantes e de suas projeções, assumem-se, por consequência, duas diferentes ideias pressupostas. Em continuidade, emergem duas diferentes formas estratégicas de dizer em cuja base estão dois distintos projetos de fala (intencionalidades discursivas).

Ao assumir o contrato comunicativo da propaganda promocional, o Eu-comunicante do primeiro anúncio (Sindicato MC), projetando motoristas – pessoas que, portanto, dirigem – como Tu-destinatário idealizado, mobiliza o Eu-enunciador (DJ Ferrugem, Pink e André BPM) no sentido de que ele coloque em cena uma estratégia discursiva originada da afirmação central pressuposta ("Dirija"), acompanhada pelo operador argumentativo também pressuposto "mas": *Dirija, mas...*, a ser complementada pela construção evidenciada no texto do anúncio: *Se beber, não dirija*. O quadro, a seguir, permite melhor visualização do exposto:

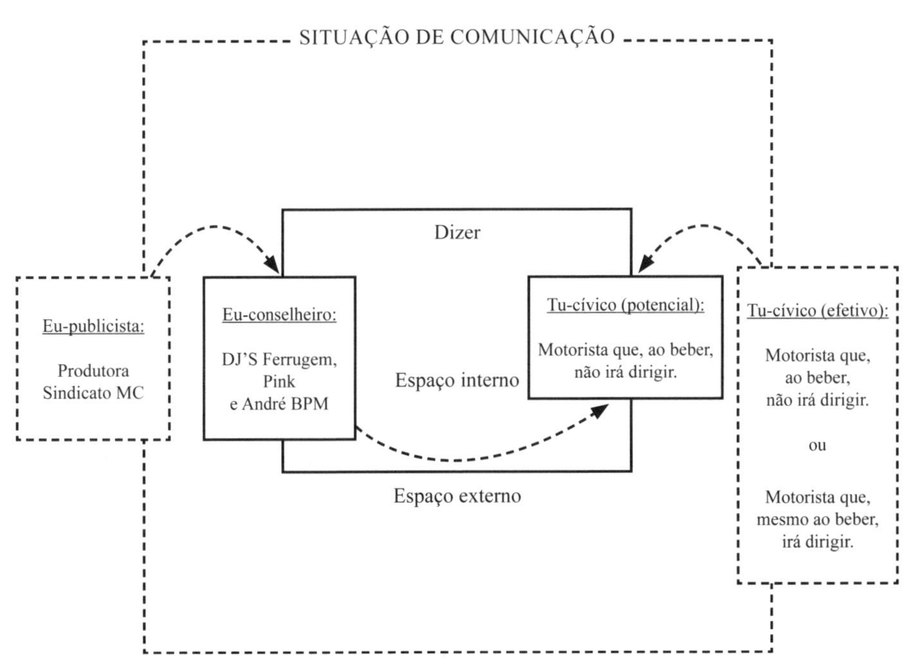

Fonte: Quadro elaborado pela autora, com base em Charaudeau (2008a: 52; 2010b: 86).

Em contrapartida, ao obedecer ao contrato comunicativo da propaganda publicitária, o Eu-comunicante do segundo anúncio (Brahma), assumindo os consumidores de cerveja – pessoas que, portanto, bebem cerveja – como Tu-destinatário idealizado, projeta um Eu-enunciador (Zeca Pagodinho) para que ele assuma estratégias de discurso em cuja origem esteja a ideia pressuposta a seguir, centrada num imperativo ("Beba") e num operador de restrição ("mas"): *Beba, mas...*, à qual se adiciona a estrutura destacada do texto do anúncio: *Se for dirigir, não beba.* Também o quadro a seguir possibilita uma melhor descrição do que foi apresentado:

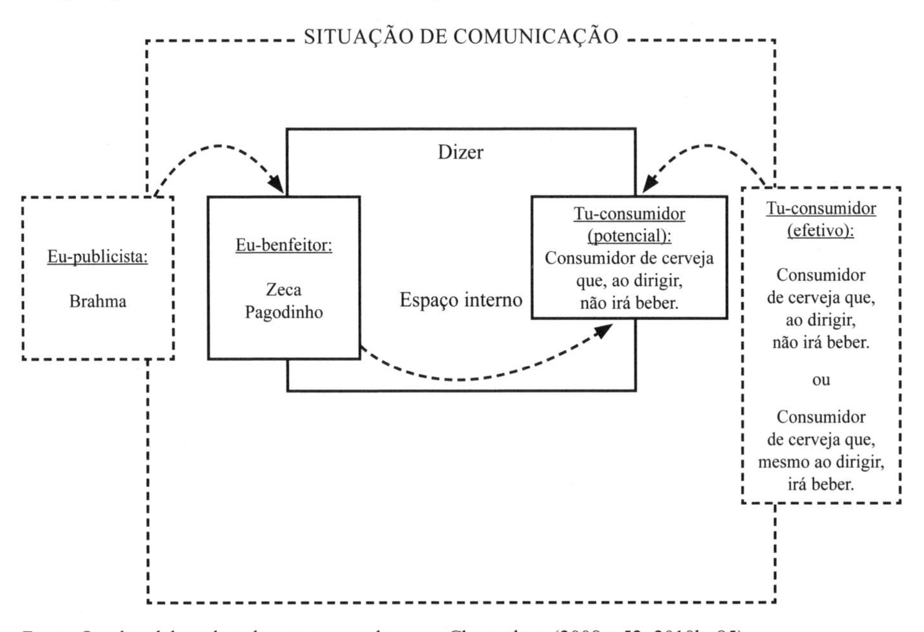

Fonte: Quadro elaborado pela autora, com base em Charaudeau (2008a: 52; 2010b: 85).

No primeiro caso, para além da necessária sistematização da organização sintática do período (evidencia-se que a condicionalidade recai sobre "Se beber"), intenciona-se desvelar, junto aos alunos, um projeto de fala que defende, prioritariamente, responsabilidade no trânsito. Já, no segundo caso, ultrapassando também a amostragem da composição sintática do período (demarca-se que a condicionalidade recai, agora, sobre "Se dirigir"), objetiva-se atestar um projeto de fala que sustenta, com prioridade, responsabilidade quanto ao consumo de cerveja. Conforme Franchi (2006: 91), em vez de isoladas em seus paradigmas sintáticos, as orações variam pelas necessidades dos próprios textos e, assim, começa-se a compreender o valor das distintas organizações sintáticas dos períodos recrutados.

A análise proposta deixa evidente o ajustamento que se deve promover, nas salas de aula de ensino de língua, entre *intencionalidade discursiva* – percebida, neste caso, pelas *identidades* dos sujeitos em interação em um contrato comunicativo determinado – *expressão linguística* e *efeito de sentido*. Tal ajustamento permite que o professor considere em suas aulas não apenas os enunciados em si mesmos, mas também a situação psicossocial determinante de uma certa enunciação, isto é, de um certo ato de linguagem e não de outro, justificando em conjunto, com os alunos, o uso de uma forma e não de outra.

Como salienta Patrick Charaudeau (2008a: 48), a palavra *intencionalidade* corresponde a um "conjunto de intenções [...] todas marcadas pelo selo de uma coerência pscicossociolinguageira". Nesse sentido, quando a Brahma – companhia de cerveja – projeta um enunciador é coerente que seu objetivo comunicativo se paute sobre o seguinte dizer: "*Beba*, mas, se for dirigir, não beba". Do mesmo modo, estando o Sindicato MC – associação de trabalhadores – a projetar um dos enunciadores, parece haver coerência no uso da fórmula: "*Dirija*, mas, se for beber, não dirija".

Na continuidade daquele mesmo trecho (2008a: 48), Charaudeau, explicando sobre o emprego do termo *intencionalidade* em sua teoria, adverte que essa palavra deve ser tomada em sua totalidade, ou seja, deve ser considerada como um conjunto de intenções que podem ser mais ou menos conscientes. Como resultado, afirma que todo "ato de linguagem é permeável aos impactos do inconsciente e do contexto sócio-histórico" (2008a: 48).

GRAMÁTICA DO SENTIDO E DA EXPRESSÃO EM PERSPECTIVA DIDÁTICA

Isso posto, passemos, munidos da concepção de *intencionalidade* proposta por Charaudeau (2008a) – na interface com o situacional imediato (identidades dos sujeitos em interação) e mediato (sócio-histórico) – a investigar, mais detidamente, uma proposta de ensino de língua fundada em uma gramática do sentido (da intenção) e da expressão (da forma). Ao debruçar-se

> Destaca Charaudeau (2004a: 22-3) que a intencionalidade (do eu em relação ao tu e do tu em relação ao eu) seleciona sempre um tipo de **visada**/objetivo (de "fazer crer", de "fazer saber fazer", de "fazer saber", dentre outras), determinando, pois, a orientação discursiva da comunicação e a constituição do próprio gênero situacional.

sobre tal proposta, o pesquisador francês pauta-se sobre uma concepção de língua ou de constituição do fato linguageiro em torno de três polos de interação. A partir de um *querer dizer*, dado por uma intencionalidade ampla (a definir, por exemplo, uma **visada** como a de "fazer crer") e por uma intencionalidade restrita (considerando-se que se pode "fazer crer", por exemplo, pela qualificação), define-se um *como dizer* (expressão estratégica), em função de um *poder dizer* (**expressão protocolar**), diante do que está disponível no sistema e do que é autorizado por um **gênero** situacional. Ao término desse circuito, alçamos o sentido como um fenômeno de intencionalidade, a partir da expressão que a materializa.

A ideia de uma **expressão protocolar** é aqui tomada no sentido de expressão sobredeterminada por restrições de gênero situacional e de sistema linguístico.

De acordo com Charaudeau (2004a), **gêneros** vinculam-se a situações comunicativas, que, para ele, são de ordem contratual, ou seja, correspondentes a um comportamento discursivo particular.

Assim é que, segundo entendemos, esses três aspectos ("querer dizer", "como dizer" e "poder dizer") devem estar presentes no ensino de língua, e a gramática a ser explorada deve ser também uma gramática do sujeito falante, o qual se encontra no centro da *intencionalidade* da linguagem, submetido, é claro, a protocolos de gênero situacional e de norma linguística. Disso decorre que o ensino de língua, dentro dessa perspectiva, deve estar pautado na correspondência entre intencionalidade de comunicação (ampla e restrita), operações semânticas da língua (conceituais) e categorias de forma (expressão).

Frente ao quadro proposto, salientamos que a grande contribuição da Teoria Semiolinguística do Discurso ao ensino de língua está no fato de, ao se voltar sobre o texto como objeto de estudo, não propor um olhar limitado à apreensão de uma intencionalidade mais ampla e solta, que, por exemplo, selecionaria uma visada como a de "fazer saber" ou de "fazer prazer" ou de "fazer crer" (Charaudeau, 2004a). Antes, encaminha-nos a avançar para a verificação de que uma intencionalidade macro encontra eco numa intencionalidade micro (para "fazer crer", por exemplo, semanticamente assume-se uma intenção que pode consistir em "quantificar os seres do mundo"). E, em consequência, aponta para o fato de que para expressá-la (a intencionalidade) dispõe-se de categorias de forma, tais como, pronomes, advérbios, adjetivos, expressões cristalizadas, dentre outras.

Para a proposição de uma prática de aplicação das bases teóricas de uma *gramática do sentido e da expressão* ao ensino de língua, com vistas à ampliação do campo de letramento e ao aprimoramento da produção textual, consideremos trechos do **poema em prosa** "Tragédia brasileira", de Manuel Bandeira, que narra a tumultuada relação entre dois personagens: Misael e Maria Elvira. Dentre as várias operações semânticas passíveis de serem observadas no texto em tela, enfatizemos o *processo de quantificação*, sendo ele uma das chaves para a problematização do ato de linguagem em foco (texto) e caracterização, sobretudo, de um dos personagens do poema, Misael.

O professor Fernando Paixão (2013: 153), do Instituto de Estudos Brasileiros da USP, mesmo assumindo haver escapes a uma explicação ampla acerca desse gênero, trata de reconhecer o **poema em prosa** como o que se "desentranha da ideia de poema", sendo "a partir do impulso poético que o seu conteúdo ganha forma e unidade". Acrescenta o professor ainda que "composto de cinco linhas ou de duas páginas, cada poema deve forjar o tema e os recursos de sua proposição" e que "ao desfrutar de liberdade formal, defronta-se com um horizonte de possibilidades mil para a expressão, mas reguladas pelo desafio da concisão", podendo "até mesmo recorrer à descrição ou à narração de algum fato ou ocorrência diária, mas de maneira breve e elíptica".

Antes do exame dos trechos, porém, elucidemos que, segundo Charaudeau (1992), o *processo de quantificação* deve ser uma categoria conceitual tomada de forma mais ampla que a usual. Está alocada no quadro da determinação de seres, com vistas à indicação de um modo de existência por recorrência a categorias de forma que extrapolam não só o emprego da classe dos numerais, como também a dispersão proposta pelas gramáticas em geral, quando apresentam a *quantificação* em capítulos distintos, ao tratar de plural, adjetivos indefinidos, advérbios de quantidade etc.

Para Charaudeau (1992: 6), todas essas categorias gramaticais devem ser tomadas como quantificadores, no quadro da *quantificação*, segundo suas particularidades semânticas e os diversos tipos de contexto e de situação de comunicação em que figuram. Assim, a *quantificação* é tomada como uma categoria de linguagem que abarca quantificadores indicativos de quantidade e de intensidade (que variam em graus) no âmbito de certos modos de determinação que podem indicar precisão, imprecisão, relatividade, totalização e nulidade (Charaudeau, 1992: 239-8).

Isso posto, consideremos, enfim, a análise do texto.

É muito provável que, em uma aula de gramática tradicional atenta à *quantificação*, o processo de ensino-aprendizagem recaísse apenas sobre a identificação e a classificação de numerais, por exemplo, ou de pronomes, sendo eles bastante variados no texto em foco. Em contrapartida, sob o olhar de uma gramática do sentido (da intenção) e da expressão (forma), em uma perspectiva didática, o reconhecimento e a caracterização das formas são feitos na dependência de uma intencionalidade e sua correspondente estratégica forma de dizer.

No poema em prosa "Tragédia brasileira", a *quantificação* é uma das categorias semânticas para a identificação de Misael: *Misael, funcionário da Fazenda, com 63 anos de idade.*; *[Misael] Dava tudo o que ela [Maria Elvira] queria*; *[Misael] Podia dar uma surra, um tiro, uma facada. Não fez nada disso...*; *[Misael] matou-a [Maria Elvira] com seis tiros; Os amantes moraram no Estácio, Rocha [...] outra vez no Estácio*. Para expressá-la são acionadas determinadas categorias de forma disponíveis em nosso sistema linguístico (poder dizer). Dentre elas, destacamos: adjetivos numerais (*63, seis*), pronomes indefinidos (*tudo, nada*), expressão adverbial (*outra vez*) e substantivos em gradação (*tiro, surra, facada*) e em repetição (*Estácio, Estácio*), que juntos constituem um *como dizer* estratégico no âmbito do texto dado. Por fim, diante da atividade de leitura proposta, todas essas categorias gramaticais devem ser agrupadas em torno de uma intencionalidade mais ampla (*querer dizer*), qual seja, a da determinação da *quantificação* (modo de identificação).

De modo mais específico, se a investigação do *poder dizer* (forma protocolar) possibilita a sistematização dos recursos linguísticos empregados em torno do reconhecimento dos termos e da classificação gramatical, o olhar mais detido sobre o *como dizer* (forma estratégica), em meio ao amplo quadro do *querer dizer* (intencionalidade), encaminha para o desvelamento de traços tanto do funcionamento discursivo do gênero em tela quanto da identificação das personagens. Em especial, concernente ao projeto de dizer delineado no escopo do poema em prosa (gênero discursivo) "Tragédia brasileira", avaliamos, a seguir, alguns recursos estratégicos de *quantificação* para flagrar a dúbia defesa da inocência do personagem Misael frente ao crime cometido contra outra personagem da história, Maria Elvira.

Dentre as várias *estratégias de quantificação* empregadas no texto em foco (no âmbito do contexto determinado), algumas delas podem ser assim sintetizadas:

- o emprego dos *numerais cardinais* (quantificação contável determinada) como estratégia para acusar a maturidade (*63 anos*), a suposta paciência (*três anos*) e o hipotético desvario (*seis tiros*) do suposto marido traído Misael (relativamente ao crime cometido frente à insinuada traição de

Maria Elvira) ao mesmo tempo em que sinaliza para a suposta inocência do protagonista (trata-se, afinal, de um poema em prosa, gênero discursivo calcado em linguagem de caráter ambíguo, e não de uma notícia de jornal, caracterizada pela costumeira precisão linguística) deixa margem, pela *figura hiperbólica* de seis tiros, para tom acusatório sobre Misael a despeito de qualquer inconsciência do protagonista;

- o estabelecimento de *exaustivo paralelismo* (entre os dois primeiros parágrafos) a evidenciar a grandeza das atitudes de Misael para com a supostamente interesseira Maria Elvira: "prostituída" / "Misael tirou Maria Elvira da vida, instalou-a num sobrado *no Estácio*"; "com sífilis" / "pagou médico"; "dermite nos dedos" / "manicura"; "dentes em petição de miséria" / "dentista";
- o emprego de *intensa gradação* para atestar o possível amplo alcance de ações desvairadas de Misael diante da enganação hipotética oriunda da amante: "uma surra, um tiro, uma facada", as quais, no entanto, não se consolidam;
- o uso dos pronomes indefinidos *tudo* e *nada*, em síntese, para atestar uma *intensificação* (quantificação não contável indeterminada) das ações de Misael em termos de benevolência e complacência frente à suposta traição de Maria Elvira;
- o estabelecimento de *circularidade*, pelo uso da expressão adverbial *outra vez*, da repetição do nome próprio *Estácio* e da menção a *dezoito* lugares de paragem do casal para se constatar a condescendência de Misael diante de imaginados "escapes" da mulher e a "invalidez" das atitudes do companheiro;
- a necessária releitura dos *numerais* "63 anos" e "seis tiros", a partir da constatação de que, no leito de morte, Maria Elvira vestia "organdi azul" (...e a polícia foi encontrá-la [Maria Elvira] caída em decúbito dorsal, vestida de organdi azul). O tecido citado, "organdi", caracteriza-se pela leveza, transparência e romantismo, traços que são acentuados pela cor azul que lhe é atribuído no poema e cujo significado aponta para o desapego da vida mundana, para a pureza e a paz. Nessa direção, há que se discutir os efeitos de sentido advindos do contraste entre a maturidade e a atitude violenta atinentes à *quantidade* de anos do funcionário público e de tiros disparados por ele, e o desejo de fantasia e de romantismo e a delicadeza oriundos da *qualidade* do tecido usado pela mulher.

Todas essas constatações e reflexões em torno da operação semântica da *quantificação*, dentre outras que poderiam ser levantadas, como a da denominação (O que esconde o emprego dos termos Misael e Maria Elvira, por exemplo?), via uso de diferentes recursos linguísticos, podem contribuir para que os alunos alcancem habilidades importantes para suas performances como leitores proficientes. Em certa medida, um olhar detido sobre tais operações serve para que os alunos ganhem consciência acerca de ferramentas da ordem da *quantificação* que podem ser utilizadas em seus próprios textos na construção de dados efeitos de sentido.

Debruçando-se, por fim, sobre esta perspectiva de trabalho, este capítulo deixa ainda alguma contribuição a mais no sentido de propor, com sistematização, questões orientadoras da atividade docente para o texto selecionado com foco na operação semântica da *quantificação*. A *quantificação* é tomada, neste caso, como um dos processos centrais de produção de *efeitos discursivos de subjetividade* do poema "Tragédia brasileira":

a) Por que, no poema em prosa "Tragédia brasileira", a *quantificação* – categoria conceitual a reunir quantificadores indicativos de quantidade e de intensidade (variáveis em grau) para indicar seja precisão, seja imprecisão, dentre outros modos de determinação – é operação de sentido possível na caracterização do personagem Misael em relação, sobretudo, à Maria Elvira?
b) Com que recursos linguísticos essa caracterização por *quantificação* é realizada? Há distinção entre esses recursos de *quantificação* em termos do que é contável ou do que não é contável (intensificação)?
c) Que efeitos de sentido são gerados a propósito da relação estabelecida no último parágrafo do texto, entre as expressões de *quantificação* "63 anos" e "seis tiros", ligadas a Misael, e a qualificação de Maria Elvira pelo emprego da construção "vestida de **organdi azul**"?

Sob um trabalho de leitura e mediação, será imprescindível que o mediador acene para o significado de "**organdi azul**" no interior do poema, conforme o que já foi explicitado no interior deste mesmo capítulo.

Diante do exposto, acreditamos que toda essa reflexão acerca do tratamento de temas linguísticos relativamente a atividades para o ensino de língua – como as citadas – pode ajudar o professor a garantir, em sua prática docente, uma constância na exploração do necessário intercâmbio entre expressão e sentido para a formação de alunos mais proficientes, autônomos e críticos.

UM CONHECIMENTO PARA ALÉM DA FORMA E DA FUNÇÃO

Pelo que foi apresentado ao longo deste capítulo, o objetivo maior do presente estudo foi o de expor, em termos teóricos e práticos, algumas incidências dos fundamentos da Análise Semiolinguística do Discurso sobre o ensino de Língua Portuguesa. Nossa motivação para a exposição dessa abordagem ancorou-se sob uma dupla constatação, a saber: a) de que o ensino de Língua Portuguesa deve estar calcado, inevitavelmente, sobre uma gramática; b) de que, para o alcance de um ensino mais produtivo de língua, os conteúdos gramaticais devem ser, sobretudo, considerados no âmbito da relação sentido (intencionalidade) e expressão (forma).

Em síntese, defendemos que há de se promover um saber fazer docente, nas salas de aula de ensino de língua, que pressuponha um conhecimento para além da forma e da função das categorias linguísticas. Como bem salienta Franchi (2006: 101), o professor pode trabalhar em cada texto ou discurso, mesmo sendo uma simples oração, as diversificadas possibilidades de um exercício gramatical vinculado, de forma direta, com "as condições linguísticas de produção dos enunciados, com o desenvolvimento dos recursos expressivos de seus alunos, com a arte de selecionar entre eles os que mais lhe pareçam adequados a suas intenções e ao estilo com que se quer caracterizar".

Tal perspectiva de trabalho com a língua propõe investimento sobre uma forma de ensinar que garanta ao educando uma lida mais consciente e produtiva com os componentes gramaticais e lexicais configuradores de textos – entendidos como verdadeiros atos de linguagem filiados a diferentes situações comunicativas. Nesse sentido, concretamente, deve ser trabalho que apele para um ensino centrado sobre uma gramática não só da expressão, mas do sentido.

Assim, fruto deste intercâmbio necessário, entre expressão e sentido, será possível desenvolver a competência comunicativa dos alunos na direção de fazê-los *conhecer/identificar* as formas linguísticas na relação com os efeitos de sentido produzidos. Será também possível fazê-los *se expressar* por meio dessas formas linguísticas em nome de *intencionalidades* que tanto se harmonizem aos quadros situacionais em obediência a protocolos já firmados (gêneros discursivos) quanto os extrapolem em vista do acionamento de recursos (estratégias) para persuadir ou seduzir o outro. Em suma, orientado segundo esse itinerário, o aluno vai descobrindo seu "querer dizer" ao ir se apropriando de um "poder dizer" (Charaudeau, 2015a: 255).

No corpo deste capítulo, demonstramos uma forma de trabalho com a língua, ancorada, justamente, em um saber fazer docente que, sistematizando componentes gramaticais e lexicais de determinados enunciados e suas combinações sintáticas, buscou alcançar um patamar, em nível micro e macroestrutural (no âmbito de diferentes atos de linguagem), que descortinasse, em termos de enunciação, o sentido comunicativo dos fatos linguageiros. O expediente linguístico da *condicionalidade*, por exemplo, foi apreendido, em um primeiro momento, segundo uma possível sistemática combinação sintática (oração subordinada adverbial condicional vinculada à oração principal) para, em seguida, ser explorado de acordo com os efeitos de sentido gerados; efeitos esses atados a *intencionalidades* que, dependentes das *identidades* dos parceiros em interação, tornaram-se também objeto de exame frente aos exemplos propostos. Por sua vez, as expressões linguísticas da *quantificação* foram também apreciadas, primeiramente, por consideração a algumas das categorias gramaticais a que se filiam (numerais, pronomes indefinidos, advérbios) e a alguns outros procedimentos linguísticos que a engendram (gradação, paralelismo, repetição) para, em sequência, serem tratadas em concordância com os efeitos de sentido decorrentes; sentidos esses vinculados a um *querer dizer* (intencionalidade), derivados a partir de, e ao mesmo tempo, um *poder dizer* (expressão protocolar) e de um *como dizer* (expressão estratégica).

Diante de tudo o que foi exposto, o que parece pertinente ressaltar, finalmente, é que se, por um lado, falar/escrever é uma questão de ajuste a gêneros e de adequação a sistemas e normas e, por outro lado, de estratégia, isto é, de jogo com esses mesmos ajustes e adequações, há que se centrar mesmo o ensino de língua na tríade *intencionalidade*, *expressão* e *sentido* para afiançar uma educação linguística, fundada em bases científicas, mais produtiva e consciente.

Da interpretação à compreensão de textos

Beatriz Feres

Desde o início da pesquisa sobre estratégias de leitura, repito a frase emblemática de Ziraldo, que ouvi pela primeira vez, da boca do próprio, em uma "festa do livro" de uma escola: "Ler é mais importante do que estudar". Naquele momento, senti o incômodo da plateia, formada por professores, alunos e responsáveis. Eu mesma fiquei surpresa com a coragem de Ziraldo diante de um público como aquele, em uma escola particular, que, até onde sei, segue uma "pedagogia tradicional", "conteudista", mas com investimento em programas de leitura, entre outras iniciativas.

Em suas palestras e entrevistas, Ziraldo costuma desenvolver o tema-lema em defesa da leitura, sobretudo literária, mas em um sentido bem amplo, considerando também os quadrinhos, toda a literatura infantil (muitas vezes menosprezada), além dos clássicos e demais vertentes da literatura, tão fundamental para a formação do indivíduo. Para nosso propósito neste capítulo, parece relevante enfatizar, na frase de Ziraldo, a sobreposição da *leitura* ao *estudo*, que parece ter como objetivo (ou como um dos objetivos) problematizar o papel dado às atividades de leitura na escola, quase sempre encurraladas em poucas horas-aula, em favor de uma "certeza" quanto à "necessidade" de abarrotar os alunos de uma quantidade imensa de conteúdos variados, nem sempre oferecendo também a devida reflexão sobre eles.

Ainda na esteira de Ziraldo, pode-se afirmar que, se o indivíduo aprende (efetivamente) a ler com autonomia, aprende também a pensar sozinho, a refletir, a refletir sua vida no texto lido, a fazer relações, a questionar o que lê. Percebe-se aí uma concepção de *leitura* que prima pela liberdade de pensamento, pela habilidade para relacionar ideias e tirar conclusões, pela ação do leitor sobre o texto, pela formação do indivíduo. No entanto, se, na escola, o aluno aprender apenas a estudar, talvez fique limitado à decoreba e à repetição, sem o devido desenvolvimento de sua autonomia e sem entendimento acerca do funcionamento do mundo ao redor. Como afirma Edgar Morin (2008), é preciso trabalhar por uma "cabeça bem feita", e não por uma "cabeça bem cheia". Completamos: é preciso instrumentalizar o aluno para a independência de suas ações, incluindo nisso a leitura crítica.

Mas como a escola, por meio da mediação do professor, pode levar o aluno a construir sua autonomia leitora? Há muitas ações possíveis e muitas variáveis de acordo, inclusive, com o tipo de escola. O assunto é vasto. Neste capítulo, problematizaremos a *leitura* a partir da observação das *estratégias de interpretação de textos* que, quando (bem) trabalhadas, podem auxiliar o estudante a se tornar um leitor mais competente, ou, em outras palavras, um excelente "interpretador" de textos, que saberá construir sentidos, para muito além de decorar conteúdos automaticamente. A perspectiva utilizada será a da Teoria Semiolinguística de Análise do Discurso, que, para tratar da *interpretação*, relaciona texto, contexto e circunstâncias comunicativas.

TEXTO E INTERAÇÃO

Em primeiro lugar, para tratar de *interpretação de textos*, é preciso entender o que tomamos como *texto*. Em geral, quando se fala em *texto*, imediatamente vem à cabeça a imagem de algo escrito, provavelmente uma frase, ou uma sequência de frases, que se lê, claro, se a pessoa tiver sido alfabetizada e conhecer a língua em que fora escrita. Porém, ainda que se trabalhe com essa concepção estrita, é necessário refletir sobre como o sentido do texto é construído, elaborado, arquitetado, pois texto sem sentido não pode ser considerado como tal.

Uma simples placa com a frase "Não alimente as tartarugas" – texto escrito – precisa levar em consideração não só o entendimento das palavras organizadas em uma frase, mas também o ambiente em que foi utilizada. Pelo conhecimento de mundo, podemos imaginar que uma placa como essa possa ter sido usada no Projeto Tamar, por exemplo, que cuida das tartarugas e tem várias sedes pelo Brasil, com piscinas onde ficam os bichinhos resgatados que não têm condições de voltar à natureza. Imaginamos que a placa deva ter sido colocada pelo responsável pelo projeto e deva se dirigir aos visitantes, que não devem alimentar os animais com qualquer coisa, pois as tartarugas têm alimentação específica. Entretanto, caso a placa seja lida por um tratador inexperiente – e péssimo leitor –, poderá haver um alto nível de mortandade de tartarugas nas piscinas do projeto, afinal, ao tratador cabe a tarefa de alimentar corretamente as tartarugas, a fim de deixá-las saudáveis, e não a de obedecer à placa. Reconhecemos, a partir de nosso conhecimento de mundo e das circunstâncias enunciativas, que a placa se dirige aos visitantes, e não ao tratador.

Esse exemplo simplório pretende mostrar que, para além de saber decodificar as letras, as palavras, as frases de um texto, é preciso observar em que circunstâncias ele serviu como meio de comunicação e de ação sobre o outro.

Para além das circunstâncias, também é preciso considerar outros conhecimentos apenas evocados pelo texto, que não são explicitamente expressos. Vejamos:

> Amigos, ocupem-se e não entrem em paranoias inúteis. Ontem eu cozinhei o almoço, fiz pão, limpei a casa, escovei os gatos, lavei as roupas. Hoje tudo de novo, já cozinhei a casa, limpei o pão, escovei as roupas, lavei os gatos. Amanhã tudo de novo, cozinhar os gatos, fazer as roupas, limpar o almoço, escovar o pão, e lavar a casa. Tudo na maior normalidade. Estou centrado e calmo.

Esse texto (disponível em: <https://www.facebook.com/haroldogranja>, acesso em: 22 mar. 2020) foi publicado março de 2020 e replicado no Facebook no início da quarentena, durante a pandemia do coronavírus. Sua intenção é mostrar, com certo humor, a dificuldade de estar isolado em casa, sem muito para fazer, e de estar apavorado com a situação dramática vivida pela humanidade. Como isso foi comunicado? Com a confusão semântica apresentada no trecho "Hoje tudo de novo, já cozinhei a casa, limpei o pão, lavei os gatos. Amanhã tudo de novo, cozinhar os gatos, fazer as roupas, limpar o almoço, escovar o pão, e lavar a casa" e com a incoerência disso em relação à frase final "Tudo na maior normalidade/estou centrado e calmo".

A incongruência das expressões (como em "já cozinhei a casa"), percebida por causa de nosso conhecimento linguístico, leva-nos a buscar outro sentido, não usual, para combinações tão estranhas. Já não se trata mais de *o que* as expressões *significam*, mas *o que mostram*, isto é, a falta de concentração que, por nossa experiência de vida, sabemos existir em momentos de forte nervosismo, que provocam esse tipo de reação confusa. Também é preciso vincular a expressão "paranoias inúteis" ao momento vivido, aos pensamentos pavorosos que costumam vir à cabeça por medo de uma doença que pode ser mortal. Sem o conhecimento da circunstância social em que o texto foi publicado, o sentido do texto não teria sido alcançado em sua plenitude. Em outras palavras, para além da decodificação das palavras e frases, foi preciso relacionar o que foi dito às circunstâncias em que o fato ocorreu e ao que conhecemos a respeito do mundo e de como ele funciona.

Esses exemplos servem para demonstrar que o texto pode ser definido como um *conjunto de signos organizados de determinada maneira com a finalidade de comunicar algo e agir sobre aquele que o recebe, de acordo com os saberes partilhados entre produtor e interpretador.* O sentido é construído na relação entre texto e contexto, com base em vários tipos de conhecimento: de língua, do gênero textual, da situação de comunicação, de mundo, incluindo o conhecimento sobre os comportamentos sociais. No ponto de vista da interpretação, o sentido é construído a partir da *interação*, ou seja, da ação mútua do texto sobre o interpretador e do interpretador sobre o texto.

É preciso, porém, salientar que o texto nem sempre é escrito, nem sempre é verbal. Há textos orais (verbais, mas não escritos), há textos visuais (como as fotografias), há textos verbo-visuais (como as histórias em quadrinhos), verbo-sonoros (as canções), verbo-voco-visuais (os vídeos), entre outros. Os textos, mesmo os exclusivamente verbais e escritos, recorrem a imagens mentais, fruto da imaginação, além de se nutrirem de outros códigos de linguagem diversos do código linguístico, como os dos gestos, dos comportamentos institucionalizados, das vestimentas, que também incluem sentidos na sua compreensão final. Nenhuma informação deve ser desprezada durante a leitura, seja ela de um texto verbal escrito ou oral, seja de um texto misto, em que atuam semioses diversas. Aqui, porém, serão destacados os textos verbais e verbo-visuais que dependem, inicialmente, da decodificação da língua escrita, mas também de outros códigos a ela conjugados, além da interpretação alcançada somente na relação entre texto e contexto.

INTERPRETAR PARA COMPREENDER

João Wanderley Geraldi, em seu sempre atual *Portos de passagem* (1997), ao tratar da produção de textos, afirma que as condições necessárias para o sucesso dessa tarefa são: a) ter o que dizer; b) ter uma razão para dizer o que se tem a dizer; c) ter alguém para quem dizer; d) o locutor se constituir como tal e assumir a responsabilidade de sua fala e e) escolher estratégias para isso. Podemos, então, desdobrar essa reflexão defendendo que o leitor/interpretador, ao se confrontar com o texto, cria expectativas em relação à sua produção, de acordo com os saberes que já domina. Ele sabe que o produtor do texto tinha o que dizer, tinha uma razão para isso, sabia que teria um leitor, além de assumir o que disse. Ou seja, o produtor usou muito mais que palavras para se expressar: escolheu *maneiras de dizer* que precisam ser observadas pelo interpretador.

Perceber as maneiras de dizer inscritas em um texto é processo essencial para a compreensão de seu sentido global. Para isso, o interpretador precisa desenvolver algumas habilidades, a fim de estar preparado para fazer inferências, isto é, para deduzir, de acordo com as relações que faz entre uma parte explícita do texto e outra, na própria superfície do texto, ou entre uma parte do texto e outra informação localizável no contexto – circunstancial ou cultural. Esse processo se repete muitas vezes durante a construção do sentido, até que se finalize a compreensão do texto.

Segundo Patrick Charaudeau, fundador da Teoria Semiolinguística de Análise do Discurso, "a compreensão é um momento de apreensão global do sentido que resulta de diferentes atividades de interpretação" (2018: 10). Em outras palavras, as atividades de interpretação atuam no processo inferencial, desfazendo ambiguidades e tornando claras as ideias que estavam apenas sugeridas, implícitas, isto é, aquelas que precisaram ser calculadas nas relações entre texto e cotexto (isto é, entre elementos presentes no texto, internos), ou entre texto e contexto (ou seja, entre elementos internos e externos).

Mesmo expressões denotativas, que não dependem de cálculo de sentido rebuscado para o interpretador chegar a seu sentido final em um texto, partem de um processo inferencial básico, que aciona o sistema linguístico, em primeiro plano, para serem decodificadas – ainda que também necessitem da observação do contexto (externo) para ter seu sentido finalizado. Por exemplo: "vendo" pode se referir à ação de vender, expressa na 1ª pessoa do singular do presente do indicativo, ou ao gerúndio de "ver". Na tirinha a seguir, publicada na rede social Facebook em 18 de abril de 2019, explora-se justamente essa dupla possibilidade:

Fonte: *Armandinho*, de Alexandre Beck, disponível em <https://www.facebook.com/tirasarmandinho/photos/a.488361671209144/2471684506210174/?type=3&theater>, acesso em 9 abr. 2020. (Uso autorizado pelo autor)

A decodificação da forma verbal é muito simples para o falante de língua portuguesa. A tirinha, porém, é construída em cima de uma regularidade de uso, percebida nas circunstâncias de enunciação ali representadas: "vendo o pôr do sol" está estampado em uma placa, empunhada por um menino, o Armandinho, como se fosse um anúncio de venda. Essa percepção é corroborada pela interpelação de um adulto que chega perto do menino e diz: "Quanto quer pelo pôr do sol?". A composição semântica da frase "vendo o pôr do sol", porém, causa estranheza, pois essa seria uma venda impossível. O menino esclarece a escolha lexical do verbo "ver": "Não está à venda! Eu estou vendo o pôr do sol! Aproveite para ver também!". O intuito do cartunista foi criar uma expectativa e depois quebrá-la, e isso só foi possível por causa, primeiro, do conhecimento linguístico, e, segundo, da inserção da frase em uma situação comunicativa específica. Assim, ele trata, indiretamente, do tipo de valor que damos às coisas.

Para Charaudeau (2018), há dois níveis de compreensão, nos quais se enquadram respectivamente o *sentido de língua* e o *sentido de discurso*. O primeiro é o nível relativo à compreensão literal do sentido, que independe da enunciação. Esse nível seria responsável, por exemplo, pelo reconhecimento do(s) sentido(s) de língua atribuído(s) a "vendo" na tirinha. O segundo é o nível relativo à compreensão global, vinculado ao processo enunciativo. Nesse nível, agregam-se dados das circunstâncias da troca comunicativa e do contexto sociocultural à construção do sentido de discurso. Esse nível seria responsável pela "solução de sentido" na tirinha, isto é, a opção pelo verbo "ver", em detrimento de "vender" em função da situação específica de comunicação.

Charaudeau explica o primeiro nível de compreensão da seguinte maneira:

> A *compreensão literal do sentido* é obtida ao término de uma atividade interpretativa que se baseia em elementos categorizados e repertoriados nos sistemas de uma língua (gramática e dicionário), resultado de uma decodificação do sentido que se considera compartilhado pelo locutor e pelo interlocutor, assim como por qualquer sujeito que possua a mesma língua e se ache no lugar destes. Trata-se de uma "compreensão habitual" para a qual: "Nada pode ter sido dito com o propósito de que os ouvintes não pudessem compreendê-lo". Este sentido é obtido no âmbito de uma semântica do enunciado, fora de contexto, um sentido de algum modo autoconstruído, ao qual falta sua enunciação. Pode-se chamá-lo de sentido *de língua* em oposição a sentido *de discurso*. O sentido construído pode ser chamado de *literal e objetivo*. Ele é da ordem do *provável*. (Charaudeau, 2018: 12-3 – destaques do autor)

Vejamos outro exemplo interessante, que diz respeito à solução de sentido baseada, em primeiro plano, nos dados superficiais próprios dos recursos de organização textual. Há uma piada assim: "Meu terapeuta disse: 'escreva cartas para as pessoas que odeia e as queime'. Fiz isso e agora não sei o que fazer com as cartas". A primeira inferência que o leitor precisa ser capaz de fazer é que, como efeito da sugestão do terapeuta, o enunciador do texto havia queimado as pessoas que odiava. Isso é interpretado a partir da frase "Fiz isso" (isso = queimá-las) "e agora não sei o que fazer com as cartas" (se as cartas estão intactas, então ele queimou as pessoas). São deduções lógicas, de causa e efeito.

A ambiguidade causada pelo pronome oblíquo "as", feminino e plural, que, gramaticalmente, poderia se referir tanto às pessoas quanto às cartas (ambas as palavras femininas e no plural), permitiu a piada. Tanto por razões de sentido quanto morais, porém, entendemos como único possível complemento do verbo "queimar" o sintagma "as cartas". "Queimar pessoas" não é uma ideia usual, ou condizente com a prática social. O protagonista do fato narrado teria se valido desse "mal-entendido linguístico-textual" para "eliminar" seus desafetos.

Centrando a atenção no "mal-entendido" do protagonista, observa-se como o conhecimento linguístico exige inferências internas ao texto. Deduzir o que significa "isso" (em "fiz isso") e "as" (em "as queime"), por exemplo, dependeria, em primeira instância, da relação entre esses elementos linguísticos e seus referentes no texto. Desse modo, espera-se que "as", como complemento de "queimar", seja remetido às cartas. Percebe-se a incongruência em função dos conhecimentos de mundo acerca do comportamento social. O "mal-entendido" aconteceu por causa de uma inferência "de superfície", equivocada, baseada no cotexto. Pragmaticamente, pode-se afirmar que o enunciador, nesse caso, quis quebrar uma expectativa e provocar humor, além de expressar a intensidade do ódio sentido por ele, que poderia levá-lo a queimar as pessoas.

Ainda segundo Charaudeau,

> A *compreensão específica do sentido* é obtida ao final de uma atividade interpretativa que se dá através de relações estabelecidas entre componentes do enunciado com outros elementos que lhe são externos, e dos quais depende: o contexto discursivo e a situação na qual é produzido o enunciado. Neste nível de compreensão, trata-se de uma *especificidade do sentido* que se liga às características do ato de enunciação, da identidade dos sujeitos, dos saberes compartilhados entre eles e das circunstâncias da relação comunicativa: um sentido específico inferido, melhor dizendo, um *sentido de discurso*, que se chamará de *significação*. [...] a compreensão específica é da ordem do *plausível*. (2018: 13 – destaques do autor)

A passagem de um nível de compreensão a outro é, quase sempre, automática e imperceptível – a não ser para o interpretador inexperiente, que não consegue alcançar a significação. Muitas são as atividades interpretativas acionadas durante o processo de leitura, essencialmente calcadas na intersubjetividade, ou seja, na relação entre os sujeitos envolvidos da troca comunicativa. Enquanto o enunciador trabalha de acordo com um sentido *intencional*, o interpretador age na direção de um sentido reconstruído: "Assim sendo, todo ato de linguagem é o resultado de uma coconstrução de sentido, pelo fato de haver, aí, o encontro entre duas intencionalidades de sentido" (Charaudeau, 2018: 11).

A reconstrução do sentido por parte do leitor/interpretador depende enormemente de sua capacidade inferencial. Charaudeau explica, em relação à inferência, que

> [...] se trata de um mecanismo cognitivo pelo qual o receptor de uma mensagem interpreta, a partir de um ato de linguagem dado, um sentido que ele tira dos elementos que foram enunciados, seja combinando-os entre si, seja apelando para dados da vizinhança linguística e para saberes sobre os interlocutores. (2018: 14)

Assim, atuando nos dois níveis de compreensão já mencionados, a *inferência centrípeta interna*, cuja força significativa está direcionada para dentro do texto, ocorre no interior do enunciado e constrói o *sentido*; já a *inferência centrífuga externa*, cuja força significativa expande-se para fora dos limites do texto, ocorre no exterior do enunciado e constrói a *significação*.

A inferência centrífuga externa ainda pode ser *situacional* (vinculada às circunstâncias de enunciação), ou *interdiscursiva* (relacionada aos saberes de conhecimento e de crença). As inferências centrífugas situacionais e interdiscursivas são aquelas que permitem ao interpretador alcançar (provavelmente) o sentido intencional expresso pelo enunciador.

> Há também as *inferências metadiscursivas epistêmicas*, igualmente interdiscursivas, que "operam, diferentemente, recorrendo a saberes de conhecimento". Elas ocorrem no "âmbito de interpretações eruditas" (Charaudeau, 2018: 23). Esse tipo de inferência não foi mencionado no grupo das interdiscursivas por estar mais ligado a um tipo específico de textos: os científicos.

Vejamos como as inferências centrípetas, centrífugas situacionais e centrífugas interdiscursivas podem corresponder aos tipos de competências leitoras, segundo Wander Emediato, que também se filia à Teoria Semiolinguística.

COMPETÊNCIA(S) LEITORA(S)

Wander Emediato (2007) aplica a noção de *contrato de comunicação*, de acordo com a Teoria Semiolinguística, ao processo de leitura (entenda-se, nesse caso: leitura de texto verbal escrito), essencialmente monológico (no sentido de que o leitor não pode modificar a materialidade do texto que lê, mas apenas atuar, de acordo com suas habilidades pessoais, na construção do sentido). Assim, no contrato de leitura, o leitor precisa acionar quatro competências inscritas no texto que lê: a linguística, a enciclopédica, a axiológica e a praxeológica. O quadro a seguir (que, com pequenas ampliações, pode se estender a todo tipo de leitura) resume a abrangência de cada uma delas:

COMPETÊNCIAS LEITORAS	AÇÕES
LINGUÍSTICA	Reconhecer o significado dos enunciados, suas formas de estruturação, os sentidos das palavras, os estilos e falares comunitários e grupais.
ENCICLOPÉDICA OU REFERENCIAL	Reconhecer os saberes de conhecimento.
AXIOLÓGICA	Reconhecer os lugares sociais de posicionamento, *topoi*, sistemas de valores; os saberes de crença.
PRAXEOLÓGICA OU SITUACIONAL	Reconhecer a situação de comunicação, os papéis dos interlocutores e seus esquemas de ação, os *scripts*.

Fonte: baseado em Emediato (2007: 89-90).

Relacionando essas competências ao processo de compreensão segundo Charaudeau (2018), é possível afirmar que, de modo geral, as inferências centrípetas internas são realizadas de acordo com a competência linguística; já as inferências centrífugas interdiscursivas, com as competências enciclopédica e axiológica e as inferências situacionais, com a competência praxeológica.

Vejamos como acionar essas competências a partir de alguns comandos em um exercício de interpretação em que se estimula o processo inferencial do leitor. Devido às limitações deste capítulo, aqui mostraremos apenas algumas questões possíveis, sem o tratamento devido de todo o processo de leitura, com atividades de pré-leitura e o desdobramento pós-leitura. O texto a ser compreendido é uma crônica de Luis Fernando Verissimo, publicada em *O Globo*, em 27 de fevereiro de 2020.

Maria

Olinda, entre outras belezas, tem um museu de esculturas sacras, quase todas de santos conhecidos ou desconhecidos. Todo o espaço de uma das salas é ocupado por homens santos de pedra, salvo por uma vitrine que protege a figura de uma menina adolescente. A menina se destaca do resto justamente por estar cercada de machos beatificados, muitos com quase o dobro do seu tamanho. Outras salas do museu têm um número equilibrado de santos e santas. Algumas das santas são populares, como as Sant'Anas. A menina não é popular. Não existe, acho eu, outra escultura ou pintura da menina nessa idade, no mundo. Ou será só em Olinda? Depois a menina entrará em várias histórias. Sua milagrosa história pessoal, a história do Cristo, a história da arte. Por enquanto ela é apenas uma adolescente a caminho de casa, sem ninguém para avisá-la do que virá. Ou que a História não é para adolescentes.

Um curto texto no chão da redoma nos informa que a menina é Maria, mãe de Jesus. Maria antes de crescer, Maria sem nem imaginar o que a vida lhe prepara, quando crescer. Agora, por que um ateu irremediável como eu está emocionado na frente dessa pequena maria solitária, a caminhos de ser a Maria mãe e santa? A menina que me olha através do vidro da vitrine não sabe, mas ela já é a Maria que Michelangelo esculpirá na sua "Pietá", um filho morto no colo da mãe, toda a dor do mundo tirada de um bloco de mármore, e não há nada que eu possa fazer, minha filha.

O Fernando Sabino contava que um amigo seu dizia:

– Eu não acredito em Deus, mas tenho uma certa queda pela Virgem Maria...

Eu também. Maria é devidamente cultuada por cristãos. Existe mesmo uma forte corrente marista na Igreja. Mas é inescapável a sensação de que ela não recebe toda a devoção que merece. A Bíblia, por exemplo, descreve toda ascendência, através de gerações, não da Maria – mas do José! Que, como se sabe, não teve nenhum papel na concepção ou no destino de Jesus. Protesto.

Fonte: Luis Fernando Verissimo, "Maria", *O Estado de S. Paulo*, 27 fev. 2020. © by Luis Fernando Verissimo

Antes de mais nada, é preciso (sempre) salientar que não se trata de questões que usam o *texto como pretexto* para mera classificação gramatical, ou para exercitar o conhecimento da norma linguística de prestígio. Ainda que se possa eventualmente usar o conhecimento metalinguístico e/ou normativo nessas questões, o objetivo será sempre a interpretação microtextual direcionada para a compreensão global do sentido.

Uma pergunta no âmbito da competência linguística sobre um aspecto desse texto que poderia ser feita para alunos do ensino fundamental, isto é, para leitores em vias de autonomia, seria:

Comando 1 – "Todo o espaço de uma das salas é ocupado por homens santos de pedra, salvo por uma vitrine que protege a figura de uma menina adolescente." A que se refere a expressão "homens santos de pedra"?

Trata-se de uma pergunta assaz simples, que precisa, antes de tudo, da interpretação da própria expressão: *homens santos representados em estátuas de pedra* (e não, por exemplo, *homens que são considerados santos e, portanto, loucos de pedra*). Além disso, o cotexto confirma essa interpretação, pois, imediatamente antes, fala-se em "museu de esculturas sacras" de "santos conhecidos e desconhecidos". Como se percebe, o comando induz o leitor a uma interpretação bastante superficial, baseada apenas no conhecimento do léxico da língua e da coesão semântica obtida por termos – expressos na superfície textual – de mesmo campo de significação. É possível interpretar a expressão, portanto, exclusivamente a partir de inferências centrípetas internas vinculadas à competência linguística do leitor. Ainda que se perceba que a preferência por "homens santos de pedra" no lugar de, por exemplo, "estátuas de homens santos" possa ter tido uma motivação estilística, ainda assim sua interpretação prescinde de conhecimentos interdiscursivos ou situacionais.

Entretanto, comandos de exercícios de interpretação que têm como objetivo o desenvolvimento da competência linguística, ou da estrutura do texto, podem precisar ter sua hipótese interpretativa confirmada por dados externos – e então pode ser acionada também uma das competências relacionadas às inferências centrífugas. Por isso se afirma que as inferências centrípetas apontam um sentido *provável*, inicialmente ligado às informações linguísticas e/ou da superfície textual, mas nem sempre referendado somente por elementos desse nível de compreensão. Em outras palavras, o sentido nem sempre é garantido apenas e unicamente pelo sistema linguístico ou pela organização do texto.

Vejamos como isso ocorre, analisando outro comando que também aciona inferências centrípetas, mas já direciona a interpretação para a externalidade do texto:

Comando 2 – "Agora, por que um ateu irremediável como eu está emocionado na frente dessa pequena maria solitária, a caminhos de ser a Maria mãe e santa?" Considerando-se a regra para o emprego de letras maiúsculas e minúsculas ditada pela prescrição linguística, explique o uso de minúscula em "maria" em "dessa pequena maria solitária", em contraste com "Maria" em "a Maria mãe e santa", e o sentido que o termo assume.

Nesse caso, além de conhecer as regras de emprego das letras maiúsculas e minúsculas, é exigido um *cálculo de sentido* baseado, primeiro, nessas regras, é verdade, já que um nome próprio fora grafado com minúscula, "maria", contrariando a norma de prestígio, mas também no que poderia significar essa subversão. Obviamente não se trata de desconhecimento do autor, renomado escritor. Então, por que a minúscula? Além disso, apresenta-se o contraste entre "pequena maria solitária" (com minúscula) e, logo em seguida, "Maria mãe e santa" (com maiúscula), revelando ter sido, portanto, proposital o uso da minúscula. De acordo com o que se afirma no texto, subentende-se que, em "pequena maria solitária", *a minúscula corrobora a insignificância da menina antes de ela saber que seria a figura emblemática conhecida por todos, considerada "mãe de Deus"*, ou, como diz a seguir Verissimo, "Maria mãe e santa". A minúscula confirma a pequenez da menina, igual a tantas outras meninas e marias, sem o destaque que a História da humanidade lhe daria posteriormente; "maria" se despe de suas características de substantivo próprio, revestindo-se das características de um substantivo comum. Essa opção pela minúscula também pode ser tomada como traço de estilo e ancora a inferência ainda presa ao cotexto a respeito da descrição de Maria, mas já exige minimamente o acionamento de uma inferência interdiscursiva, apoiada tanto na experiência de vida do leitor, no que diz respeito ao que se sabe sobre a infância e sobre as meninas, quanto nos saberes de conhecimento que acumula na memória.

O comando a seguir também aciona inferências interdiscursivas, mas, nesse caso, a competência enciclopédica do leitor é provocada de maneira contundente.

Comando 3 – "A menina que me olha através do vidro da vitrine não sabe, mas ela já é a Maria que Michelangelo esculpirá na sua 'Pietá', um filho morto no colo da mãe, toda a dor do mundo tirada de um bloco de mármore, e não há nada que eu possa fazer, minha filha." Mesmo sendo um "ateu irremediável", o autor-narrador se diz emocionado naquela situação. Que emoção ele expressa nesse trecho? Comprove sua resposta com elementos do texto.

Emediato (2007) nomeia a competência necessária para a interpretação desse trecho como *enciclopédica* ou *referencial*. No trecho em questão, é preciso que o leitor saiba a quem se referem os nomes *Michelangelo* e *Pietá* e por que Verissimo os destaca, a fim de "calcular" a emoção que está exprimindo com o comentário. Trata-se de Michelangelo, o artista, também escultor, que fez uma das mais impressionantes obras de mármore, justamente a Pietá (Piedade), isto é, Maria com o corpo de seu filho Jesus morto no colo. Quem já viu a imagem dessa escultura e conhece o impressionante detalhamento conseguido a partir de um bloco de pedra sabe exatamente do que Verissimo fala: "toda a dor do mundo tirada de um bloco de mármore". É a essa dor que ele se refere, com compaixão pela menina que, na sua inocência, não sabe que vai sofrer tanto. *Destacar essa escultura, em contraste com a menina Maria que ele vê na vitrine, antevendo o sofrimento pelo qual ela passará e ainda completar com "e não há nada que eu possa fazer", exprime essa compaixão e sua impotência diante do sofrimento solitário da futura mãe.*

Nesse texto, identificar a compaixão em sua intensidade, portanto, depende, em grande parte, do conhecimento de mundo acerca da Pietá (e, claro, de Maria). Para além do que se apresenta na superfície do texto, é preciso uma inferência centrífuga, que leva o leitor a colher uma informação fora do texto, na cultura, a fim de calcular aquilo que o autor-narrador pretendia expressar.

Outro tipo de inferência centrífuga é aquela que depende da competência axiológica do leitor, isto é, dos saberes que domina acerca dos valores referendados socialmente. O próximo comando vai acioná-la. Vejamos.

Comando 4 – "A menina se destaca do resto justamente por estar cercada de machos beatificados, muitos com quase o dobro do seu tamanho." "Machos" é o termo apropriado para se referir a animais do sexo masculino. A sociedade, no entanto, costuma tratar os homens como machos, mas não as mulheres como fêmeas. Ao retomar "homens" com essa palavra, o autor quis salientar uma característica relativa a eles. Qual? Explique.

O senso comum costuma usar "macho" para se referir a "homem", para colocar em evidência sua força, inteligência, o que lhe garante todos os direitos, e mostrar sua superioridade em relação à mulher (em uma perspectiva machista, evidentemente). Ao descrever a menina Maria em uma sala cercada de "machos beatificados", "com quase o dobro de seu tamanho", o autor, por um lado, traz à cena a desigualdade de gênero, mas, por outro, atribui à menina a fragilidade considerada, também pelo senso comum, como própria das mulheres. Talvez se pudesse entender a sala com aquela menina rodeada de homens como uma tentativa de igualar a capacidade de "santidade" entre homens e mulheres, mas o autor preferiu demonstrar sua compaixão por aquela que parecia mais frágil e inocente diante de "machos" fortes, que nasceram mesmo para não chorar. Essa interpretação depende daquilo que o leitor conhece acerca do que a sociedade acredita ser "naturalmente" bom e ruim, certo e errado: nesse caso, a "tradicional" divisão entre homens e mulheres, entre o machismo e o feminismo, que considera correto e positivo o homem ter os direitos que tem e mulher, não. Assim, Verissimo destaca e questiona o senso comum.

Vejamos outro comando, a fim de mostrar como reconhecer a situação de comunicação e seus "protocolos" de troca, objetivo da competência *praxeológica*. Em qualquer tipo de interação, os interlocutores se posicionam, agem e se reconhecem no direito (ou não) de falar. Esse reconhecimento do "ambiente" em que eles interagem e de seu papel na interação restringe, da parte do produtor, os modos de dizer, os temas desenvolvidos, o formato do texto e, da parte do interpretador, provoca expectativas sobre aquilo que o produtor "quis dizer" de acordo com as circunstâncias em que fala.

Comando 5 – A crônica, como gênero textual, admite muitos formatos e temas, desde que ligados ao cotidiano, ou à atualidade dos fatos. Em "Maria", Verissimo optou por um assunto do cotidiano e um tom bastante expressivo, subjetivo. Cite um trecho em que essa subjetividade se manifesta claramente.

No caso de um texto escrito, o leitor observa em que suporte ele foi veiculado (no caso em tela, o jornal), em que gênero textual foi produzido e o tema comumente relacionado a ele (uma crônica e, no caso, um tema cotidiano) e quem é o autor. Essas informações já "preparam" a leitura de "Maria" para o entendimento de uma tomada de opinião, um texto com o estilo próprio de Verissimo, isto é, com a leveza da coloquialidade, mas com o tempero de ideias subentendidas.

O comando 5 explicita o gênero textual e o tipo de tema esperado, além de destacar a subjetividade expressa no texto (seu modo de dizer), possível nesse gênero, para exigir do leitor a identificação de um trecho marcado por esse recurso. Há várias respostas possíveis, como *"acho eu"*, *"um ateu irremediável como eu"*, *"Protesto"*, que comprovam claramente, com elementos da superfície do texto, o engajamento do autor em relação ao tema que desenvolve. Em outras palavras: o comando explora, então, o gênero textual *crônica* em uma de suas (possíveis) características, a subjetividade. Seu objetivo é vincular essa característica como possibilidade para o gênero em questão.

Em tempo: os saberes que acumulamos sobre os gêneros textuais precisam colaborar com a criação de expectativas para a leitura, e não servir ao acúmulo de conteúdos que esqueceremos mais tarde. Aliás, exigir, em um exercício de interpretação, a simples identificação do gênero é também usar o texto como pretexto para a cobrança de classificação.

Comando 6 – A crônica foi publicada em um jornal de referência (*O Estado de S. Paulo*). A que tipo de público ela se destina? Extraia da crônica uma expressão ou frase que comprove sua resposta.

Para responder à questão, também é necessário acionar a competência praxeológica, que inclui os saberes acerca dos interlocutores possíveis de um texto. Saber identificá-los é uma estratégia interpretativa relacionada à delimitação de sentidos de acordo com as expectativas de uma troca comunicativa específica. É uma informação que restringe "possíveis interpretativos". *É possível verificar que o leitor a quem se destina a crônica pertence à classe média, ou alta, pois o texto trata de algo experimentado em uma viagem a Olinda, cidade pernambucana de grande valor histórico e turístico, na qual foi possível visitar um museu ("Olinda, entre outras belezas, tem um museu de esculturas sacras, quase todas de santos conhecidos ou desconhecidos"), por exemplo.* Essas são atividades que, infelizmente, não se encontram acessíveis a todos os brasileiros, mas apenas a essas classes sociais. Além disso, ao citar o museu e Michelangelo com sua *Pietá*, observa-se a valorização da arte sacra, igualmente pouco acessível à maioria dos brasileiros, mas, com certeza, de fácil interesse dos leitores a quem se destina a crônica.

Quanto à compreensão global do texto, embora tenhamos selecionado poucos comandos, parece possível perceber que, interpretados esses trechos, ela será alcançada. "Maria" é uma crônica de Verissimo que revela, ao fim e ao cabo, seu pensamento e seu sentimento em relação à Maria, mãe de Jesus, a partir de sua vivência pessoal, da observação que faz de uma estátua em um museu. Ele confessa ter uma "queda", uma atração pela figura de Maria, embora seja ateu. Isto é, de acordo com ele, Maria é uma figura digna de admiração. Além de saber o que o autor pensa e sente, o leitor pode também avaliar o que ele próprio sente ou pensa em relação ao tema, concordando ou não com o que foi defendido. A crônica, portanto, funciona como uma provocação do autor, ou, se o leitor não quiser se envolver com o tema, como mera expressão de sua intimidade. Entender isso mostra que o leitor chegou, enfim, à compreensão do texto.

A NECESSÁRIA INTERVENÇÃO EDUCACIONAL PARA TEMPOS MELHORES

Neste capítulo, exploramos os conceitos de *compreensão* e de *interpretação* textual na perspectiva da Teoria Semiolinguística de Análise do Discurso, postulada por Patrick Charaudeau. Procuramos mostrar que a compreensão de um texto só pode ser alcançada por meio de processos interpretativos que se realizam mediante inferências centrípetas e centrífugas. Elas acionam, respectivamente, dados do próprio texto, internos, e dados da situação de comunicação e do interdiscurso, externos. A habilidade de lidar com as inferências, fazendo relações entre o explícito e o implícito, é o fundamento da autonomia leitora.

Também foram exploradas as *competências leitoras* (linguística, enciclopédica, axiológica e praxeológica), como propostas por Wander Emediato, em consonância com a Semiolinguística, e apresentados comandos de um hipotético exercício de interpretação em que essas competências são ativadas para levar o leitor à compreensão global do texto. Procurou-se, dessa maneira, aplicar a teoria à prática pedagógica, a fim de demonstrar minimamente a consistência de um exercício com vistas ao desenvolvimento da competência leitora dos estudantes.

Esperamos, com isso, contribuir para a ação efetiva do professor em sala de aula, dando-lhe consciência de algumas estratégias que ele pode/deve usar para desenvolver a proficiência leitora de seus alunos. Acreditamos que a mediação do professor, crítica e bem fundamentada, é o caminho seguro para a superação de tantos obstáculos enfrentados pelo povo brasileiro em busca de seu lugar cidadão.

Se falta amor no mundo, mas também falta interpretação de texto, que sejamos nós, professores, defensores da educação, a reverter esse estado de coisas por meio de uma mediação consciente e crítica, fundamentada pela ciência, como modo de resistência ao individualismo e à ignorância e de fomento para uma sociedade que se enxergue como tal.

Os modos de organização do discurso

Glayci Xavier

No ensino de Língua Portuguesa, a premissa de que o trabalho com leitura, interpretação e produção de textos deve estar vinculado a situações reais de uso é consenso entre a maior parte dos estudiosos. Os benefícios de se explorarem diferentes gêneros discursivos na sala de aula é um tema já bastante discutido no meio acadêmico, abordado nas formações continuadas para professores e divulgado, seja em documentos oficiais, seja em materiais de apoio ao docente.

Os princípios do círculo bakhtiniano sobre os gêneros do discurso inauguraram um novo paradigma teórico para os estudos da linguagem, visto que a língua passou a ser abordada como algo concreto, fruto da interação social entre os participantes da situação de comunicação. Mostrou-se, a partir de então, a necessidade de se considerar o processo linguístico, que se materializa pelas e nas enunciações. Dessa forma, assim como ocorreu em outras teorias do texto e do discurso, tais princípios foram integrados à Teoria Semiolinguística de Patrick Charaudeau, abordada neste livro, já que também apresenta uma perspectiva sociodiscursiva.

Charaudeau (2008a: 77) define *texto* como a "manifestação material (verbal e semiológica: oral/gráfica, gestual, icônica etc.) da encenação de um ato de comunicação, numa situação dada, para servir ao projeto de fala de um determinado locutor" e afirma que, como as finalidades das situações de comunicação e dos projetos de fala são compiláveis, cada texto correspondente apresentará constantes que permitirão classificá-los em diferentes **gêneros discursivos**. Isso nos remete à clássica definição de gêneros discursivos como "tipos relativamente estáveis de enunciados" que refletem as condições específicas e as finalidades de cada uma das esferas da

> De acordo com Charaudeau e Maingueneau (2004: 251), há uma diversidade de pontos de vista que mostra a complexidade da questão dos **gêneros discursivos**, incluindo as denominações. Para maior detalhamento sobre o assunto, consultar o capítulo "Gêneros discursivos entre restrições e liberdades", parte deste livro.

atividade humana (Bakhtin, 1994: 279). Sob essa ótica, Charaudeau (2004a) afirma "à maneira de Bakhtin", como ele mesmo define em seu texto, que

> [...] é preciso, ao sujeito falante, referências para poder se inscrever no mundo dos signos, significar suas intenções e comunicar. Isso é resultado do processo de socialização do sujeito através da linguagem e da linguagem através do sujeito, ser individual e coletivo. É conjuntamente que se constroem, em nome do uso, a normalização dos comportamentos, do sentido e das formas, o sujeito registrando-os em sua memória. (Charaudeau, 2004a: 19)

Sabe-se que os gêneros discursivos são formados por diferentes elementos: seu ***conteúdo temático*** (o que pode ser dito em cada gênero); seu ***estilo*** (a seleção de recursos da língua, de acordo com o contexto); sua *construção composicional* (a organização geral do texto, específica de cada gênero); e sua *função social* (que inclui sua ***finalidade*** e a intenção comunicativa do locutor). Todos esses elementos vão orientar as escolhas do locutor, que, tendo consciência ou não, fará uso do gênero mais apropriado em cada situação de comunicação. Por exemplo, para transmitir uma mensagem a outra pessoa, poderá utilizar uma carta, um e-mail, um bilhete ou mesmo uma mensagem de aplicativo, a depender de todos os fatores elencados.

Conteúdo temático – De acordo com Charaudeau (2001a: 14), todo ato de linguagem se enquadra dentro de uma área temática, por mais geral que seja. É o que ele chama de *propósito temático*, ou seja, a maneira como se estrutura o "sobre o que se fala", em termos de temas (macro e microtemas).

Estilo – Charaudeau (2004a: 20-1) afirma que os signos (quer sejam em trocas verbais, icônicas ou gestuais) se organizam enquanto "maneiras de dizer mais ou menos rotineiras", como se o que importasse da linguagem não fosse o que se diz, mas como se diz. Para o autor, esse "saber dizer" ou estilo é o que faz com que os indivíduos possam elaborar julgamentos de ordem estética, ética, pragmática etc., sobre "a maneira de se comportar e de falar em nome de normas sociais supostamente partilhadas".

Finalidade – A finalidade, para Charaudeau (2004a: 25), é um dos elementos essenciais da situação de comunicação que se combina com as características dos outros componentes: a identidade dos participantes; o propósito e sua estruturação temática; e as circunstâncias que definem as condições materiais da comunicação. É "a condição que requer que todo ato de linguagem seja ordenado em função de um objetivo" (Charaudeau, 2006a: 69).

Com relação à construção textual, foco deste capítulo, sabemos que um texto pode ser simplesmente verbal, quando é formado somente por palavras; não verbal, quando não há palavras em sua composição; ou **multimodal**, quando há diferentes linguagens conjugadas na formação de sentido. Mas e quanto ao material linguístico? Como são constituídos os gêneros? Cada gênero discursivo é resultado da combinação de pelo menos dois *modos de organização do discurso*. Para a Semiolinguística, os modos de organização do discurso são os princípios de organização da língua que dependem da finalidade comunicativa do falante: enunciar, descrever, contar, argumentar (Charaudeau, 2008a: 68).

A **multimodalidade** (ou multissemiose) consiste nas diferentes linguagens que se misturam na produção e circulação dos textos/discursos de hoje: "imagens estáticas e em movimento, sons e música, vídeos de *performances* e danças, texto escrito e oral" (Rojo e Moura, 2019: 11). Outros termos utilizados são *verbo-visualidade*, ao se referir à forma simbólica complexa de que se reveste o texto, constituída por elementos verbais e visuais (cf. Feres, 2013); e *sincretismo*, da Semiótica greimasiana, para uma unidade formal de sentido (texto) que integra diferentes linguagens de manifestação (Teixeira, 2004: 230).

Os **modos de organização do discurso** são explicados com rigor de detalhes na obra *Linguagem e discurso: modos de organização*, publicada pela Editora Contexto (2008a). O livro é tradução de parte da "Gramática do sentido e da expressão", de 1992 (em francês).

Ao elaborar a "Gramática do sentido e da expressão" (1992), Charaudeau se propôs a descrever as categorias da língua do ponto de vista do sentido e da forma como são usadas pelo locutor para construir um ato de comunicação (Charaudeau, 2008a: 67). Sob esse enfoque, todo texto tem algo a dizer e é organizado de acordo com uma determinada estrutura. São quatro os **modos de organização do discurso** postulados por Charaudeau: o *enunciativo*, o *descritivo*, o *narrativo* e o *argumentativo*. Cada modo tem características específicas e apresenta aspectos lexicais, sintáticos e semânticos próprios.

Os modos de organização do discurso são classificados de variadas maneiras pelos diferentes linguistas que se debruçaram sobre o assunto. Marcuschi (2002), por exemplo, um dos teóricos mais estudados sobre o tema aqui no Brasil, classifica o que ele chama de "tipos" de construção textual como:

descritivo, narrativo, injuntivo, expositivo e argumentativo. Encontramos ainda em **outros autores** denominações como "dialogal", "explicativo", "preditivo" entre outras. São abordagens com pontos em comum, mas cada uma guarda suas especificidades. Consideramos importante mencionar tais referências aqui, pois fazer a associação de um conceito novo àquilo que já conhecemos pode ser um bom caminho para facilitar o entendimento de uma teoria.

Exemplos de **outros autores** que tratam do assunto são: Fávero e Koch (1987), Adam (1992), Bronckart (1999), Travaglia (2002), Dolz e Schneuwly (2004) etc.

É importante ressaltar, contudo, que um texto é sempre heterogêneo do ponto de vista de sua construção. Os diferentes modos de organização se associam na construção do texto, sendo que um deles geralmente será predominante, de acordo com a situação de comunicação na qual e para a qual ele foi concebido, com a intenção do locutor e com o efeito de sentido que se queira obter. Na sequência, descreveremos, separadamente, os modos de organização, segundo a perspectiva semiolinguística, apresentando seus principais aspectos.

O MODO ENUNCIATIVO

Os atos comunicativos têm sempre uma determinada intencionalidade.

O modo enunciativo geralmente é novidade para aqueles que entram em contato pela primeira vez com a Teoria Semiolinguística. Desse modo, para começarmos a entender esse modo de organização, vamos refletir inicialmente sobre o conceito de "enunciação". Émile Benveniste (1970: 12), uma das principais referências sobre o tema, afirma que a *enunciação* é a ação de colocar a língua em funcionamento por um ato individual de utilização, e que o *discurso* é a manifestação da enunciação.

Baseando-se no autor, Charaudeau (1992: 569) explica que a *enunciação* é constitutiva do ato que consiste em utilizar os elementos da língua para colocá-los em discurso, e que o *enunciado*, por sua vez, é um fenômeno complexo que reflete a forma como o locutor "se apropria" da língua para organizar o discurso. O modo enunciativo é, portanto, uma categoria de discurso (e não de língua) e se refere ao comportamento dos interlocutores, *seres da fala*, internos ao ato de linguagem. Por isso, Charaudeau (1992: 647) afirma que não se deve confundir esse modo com a "situação de comunicação", já que, nesta última, encontram-se os *seres sociais*, externos ao **ato de linguagem**.

O quadro sobre os sujeitos do **ato de linguagem** foi tratado no capítulo "A Semiolinguística vai para a escola", incluído nesta publicação.

A partir de tais considerações, podemos afirmar que o modo enunciativo é aquele que organiza as categorias da língua, ordenando-as de modo a que deem conta da maneira pela qual o sujeito falante se "apropria" dessa língua. Nesse processo de "apropriação", o sujeito falante é levado a situar-se em relação a seus interlocutores (locutor → interlocutor), ao que ele diz (locutor → locutor) e ao mundo ao seu redor (locutor → proposição).

Consequentemente, o modo enunciativo é composto por três funções de base e cada uma corresponde a uma posição – e, portanto, a um comportamento específico – do locutor em seu ato de fala. Esses atos são chamados de *atos locutivos* e as especificações desses atos (subcategorias) são as *modalidades enunciativas*. As três funções do modo enunciativo, quanto à posição assumida pelo locutor, são (Charaudeau, 1992: 648):

- estabelecer uma relação de influência entre o locutor e o interlocutor, a que denominamos *ato alocutivo* ou alocução (relação locutor → interlocutor);
- revelar o ponto de vista do locutor, a que denominamos *ato elocutivo* ou elocução (relação locutor → locutor);
- retomar a fala de um terceiro, a que denominamos *ato delocutivo* ou delocução (locutor → proposição).

Cada um desses atos tem características e finalidades próprias. Quanto às suas subcategorias, Charaudeau (1992: 576) aponta que as diferentes modalidades enunciativas podem se manifestar linguisticamente de diversas formas, tanto por *marcas formais explícitas* quanto pela *organização particular do contexto*, vinculada à situação de comunicação. Nesse caso, podem estar no implícito e não serem expressas por nenhuma marca linguística particular.

No *ato alocutivo*, o sujeito falante age sobre o interlocutor e impõe seu ponto de vista. Independentemente da identidade psicossocial e do comportamento efetivo do interlocutor, por meio do ato de linguagem, ele é solicitado a ter uma determinada reação: responder e/ou reagir (*relação de influência*). Na alocução, portanto, a mensagem é centrada no sujeito destinatário e organiza-se de forma a influenciá-lo, para tentar modificar sua atitude ou seu comportamento. Essa função do modo enunciativo assemelha-se ao tipo injuntivo de Marcuschi (2002).

Na superfície do texto, o ato alocutivo pode ser facilmente identificado, pois o interlocutor está geralmente presente no ato de enunciação em construções linguísticas como: pronomes pessoais e de tratamento que se refiram ao interlocutor (*tu*, *você* etc.); nomes próprios ou termos que identifiquem o interlocutor; vocativo; formas verbais do imperativo; frases interrogativas. Em suas subcategorias, a alocução assume normalmente a forma das seguintes modalidades: ordem, conselho, interpelação, injunção, autorização, aviso, julgamento, sugestão, proposta, interrogação, pedido (Charaudeau, 1992: 651).

No *ato elocutivo*, o sujeito falante revela sua própria posição sobre o que ele diz, sem que o interlocutor esteja implicado em sua tomada de posição. Na elocução, o ato de fala pode exprimir o estado de espírito, as emoções, as opiniões do emissor (seu ponto de vista sobre o mundo) e, por esse motivo, o texto costuma ser explicitamente mais pessoal, subjetivo. Na construção linguística, a presença do locutor pode ser identificada no ato de enunciação por meio do uso de: pronomes pessoais que se refiram ao locutor (*eu*, *nós* etc.); nomes próprios ou termos que identifiquem o locutor; interjeições; frases exclamativas e optativas.

No ato elocutivo, a enunciação tem como efeito modalizar *subjetivamente* a verdade do propósito enunciado, revelando o ponto de vista interno do sujeito falante (ponto de vista situacional). Por isso, a elocução pode ser encontrada nas seguintes modalidades enunciativas: constatação, saber/ignorância (modos de saber); opinião, apreciação (avaliação); obrigação, possibilidade, querer (motivação); promessa, aceitação/recusa, acordo/desacordo, declaração (engajamento); proclamação (decisão) (Charaudeau, 1992: 651).

Já no *ato delocutivo*, o locutor "se apaga" de seu ato de enunciação e não implica o interlocutor. Assim, o sujeito falante testemunha a maneira pela qual os discursos do mundo se impõem a ele (Charaudeau, 1992: 649). A delocução representa, dessa forma, um ponto de vista *externo*. Nesse caso, como nem o locutor nem o interlocutor estão presentes no ato de enunciação, as declarações normalmente aparecem como impessoais ou referem-se à terceira pessoa do discurso.

No ato delocutivo, a ênfase é dada ao conteúdo, às informações e, por isso, a enunciação é aparentemente objetiva e faz a retomada, no ato de comunicação, de propósitos (tematização) e textos que não pertencem ao sujeito falante. Segundo Charaudeau (1992: 649), há dois casos em que isso pode ocorrer: 1) *o* ***propósito*** *se impõe por si mesmo* e o locutor diz "como o mundo existe" quanto a seu modo e grau de asserção (modalidades:

Propósito = objeto temático da troca

evidência, probabilidade etc.); 2) *o propósito é um texto já produzido por outro locutor* e o sujeito falante desempenha um papel de relator, que pode ser mais ou menos objetivo (é o caso das diferentes formas de discurso relatado: citado, integrado, narrativizado, evocado).

Podemos notar, então, que o enunciativo tem função particular na organização do discurso e que ele contribui para a formação dos outros modos de organização. Por outro lado, sabemos que, mesmo após toda a explicação que foi dada, alguns questionamentos ainda podem surgir na mente do professor: que relação há entre o modo enunciativo e o conteúdo a ser trabalhado efetivamente em sala de aula? Teria alguma aplicação direta? Como posso abordar esse modo de organização com meus alunos?

Uma forma de abordar o modo enunciativo é relacioná-lo a outros conteúdos comuns do currículo de Língua Portuguesa, ampliando a percepção dos alunos para os detalhes e as implicações de cada ato enunciativo. Um desses conteúdos, por exemplo, é o estudo das *funções da linguagem*, trabalhado normalmente com os alunos do 1º ano do ensino médio. Se pararmos para pensar, o ato alocutivo está relacionado com a função conativa/apelativa da linguagem; já o ato elocutivo, com a função emotiva/expressiva da linguagem; e, por fim, o ato delocutivo tem relação com a função referencial/representativa da linguagem.

O modo enunciativo também pode ser explorado quando trabalhamos os **gêneros publicitários** com os alunos. Gêneros publicitários (anúncios, comerciais, classificados, campanhas de conscientização etc.) são bastante atrativos para serem utilizados em sala de aula, pois, além de integrarem diferentes linguagens, geralmente são textos recheados de intertextualidade e provocam diferentes efeitos de sentido. Vejamos como exemplo uma peça publicitária criada pela empresa de mídia exterior PS Media, divulgada no final de março de 2020.

> Para um aprofundamento do estudo dos **gêneros publicitários** sob a perspectiva semiolinguística, vide Monnerat (2003).

Fonte: PS MEDIA – Mídia Exterior (Fred Pistilli), disponível em <https://pt-br.facebook.com/psmidiaexterior>, acesso em 2 maio 2020.

A campanha tinha como objetivo alertar as pessoas para permanecerem em casa durante o período de **distanciamento social**, como medida para reduzir o contágio da covid-19, doença respiratória que já havia infectado, até então, milhões de pessoas no mundo inteiro. O modelo de outdoor, inicialmente veiculado em seis pontos da cidade de Santos, no litoral de São Paulo, posteriormente, com a repercussão nas redes sociais, foi replicado em várias cidades do Brasil.

No texto, pode-se observar a presença dos três atos locutivos. O anúncio começa com uma *elocução*: "Eu tô aqui porque sou um outdoor". Nessa frase, o outdoor se personifica, ou seja, ganha "vida" e fala com seu leitor. Em sua fala, o painel usa a primeira pessoa do singular: "eu", "tô", "sou". O sócio e diretor comercial da PS Media, Fred Pistilli, conta em entrevista ao site Janela Publicitária[1] que, durante a criação, a equipe se reuniu para um ***brainstorming*** em torno da ideia de que todo mundo deveria ir para

Segundo o site *TelessaúdeRS*, da Universidade Federal do Rio Grande do Sul (UFRGS), **distanciamento social** é a diminuição de interação entre as pessoas de uma comunidade para reduzir a velocidade de transmissão de um vírus. "É uma estratégia importante quando há indivíduos já infectados, mas ainda assintomáticos" (sem sintomas) "ou oligossintomáticos" (com poucos sintomas), "que não se sabem portadores da doença e não estão em isolamento". Disponível em: <https://www.ufrgs.br/telessauders/posts_coronavirus/qual-a-diferenca-de-distanciamento-social-isolamento-e-quarentena/>. Acesso em: 28 maio 2020.

Brainstorming (tempestade de ideias), prática comum nas agências de propaganda, são "reuniões para debater, pesquisar e conseguir-se alguma ideia nova" (Martins, 1997: 84).

casa, mas, para o outdoor, não teria jeito, "ele tem mesmo que ficar na rua". Dessa forma, no anúncio, o próprio outdoor transmitia sua "experiência", como numa estratégia de legitimação, que lhe daria o "direito à palavra" e imprimiria certa credibilidade, mesmo que artificial, ao seu "discurso".

A segunda frase do anúncio representa uma *alocução*: "E você, tá fazendo o que na rua?". Isso pode ser observado linguisticamente por meio do uso do pronome "você" e do emprego da forma interrogativa. A forma de pergunta interpelava o interlocutor no sentido de fazê-lo refletir se realmente era necessário que ele estivesse na rua (É profissional de saúde? Trabalha em serviço essencial? Busca atender a uma necessidade?) ou se ele estava andando "à toa", sem um motivo plausível. No último caso, a pergunta toma a forma de advertência, "chamando a atenção" da pessoa que passava em frente ao outdoor, tentando, de alguma forma, influenciá-la a evitar ficar na rua.

Outras estratégias para chamar a atenção do leitor são, no original, o fundo de cor vermelha com letras brancas e o uso da linguagem coloquial. Segundo o site Portal do Marketing,[2] o vermelho é uma cor emocionalmente intensa e tem alta visibilidade, razão pela qual os sinais de parada, sinais de trânsito e equipamentos de incêndio são usualmente pintados de vermelho. Cor do sangue, o vermelho pode ainda estar associado às ideias de perigo (ativa o sentido de proteção) e, ao mesmo tempo, à ideia de força e vontade de sobreviver (incentiva a ação). Além de tudo isso, vermelha é a cor da logomarca da PS Media. Quanto à linguagem, o uso de abreviações como "tô" (estou) e "tá" (está) imprime informalidade ao texto, dando a sensação de maior proximidade/intimidade com quem lê o anúncio, legitimando, assim, a "bronca" dada, favorável ao distanciamento físico.

Abaixo da mensagem principal, em letras menores, no canto inferior esquerdo, há uma inscrição, em forma de *delocução* (asserção), que expressa uma necessidade: "Todos juntos contra o coronavírus", com a palavra "juntos" riscada. Em cima dela, está escrita a palavra "separados", ressignificando o enunciado e dando um duplo sentido a ele. Com isso, a frase pode significar tanto "*juntos*/próximos, todos deveriam se unir em um único propósito e contribuir na luta contra o coronavírus", quanto "*separados*/distantes, todos deveriam ficar fisicamente distantes para reduzir o contágio e contribuir na luta contra o coronavírus". No canto inferior direito, aparece a logomarca "PS Media – media exterior", dando "voz" e fazendo alusão à empresa criadora do anúncio.

Uma terceira aplicação de atividade junto aos alunos poderia ser feita com vistas ao aprimoramento da leitura e produção de textos. Ao produzir um texto, a escolha dos recursos da língua a serem utilizados dependerá da intencionalidade de quem fala ou escreve. E isso pode ser identificado por aquele que ouve ou lê. O reconhecimento dessas nuances é um importante aspecto a ser trabalhado nas aulas de Língua Portuguesa. Cada ato enunciativo está intimamente ligado ao grau de pessoalidade do texto, revelando uma maior ou menor objetividade do locutor, como pode ser observado no quadro a seguir:

Atos	Formas enunciativas	Grau de impessoalidade	Efeitos de sentido	Gêneros e formas de texto preferenciais
Elocutivo	1ª pessoa (*eu*, *nós*)	Índices de subjetividade	Efeito de intimidade (impressão pessoal)	Cartas pessoais, bilhete, procuração, declaração etc.
Alocutivo	2ª pessoa (*tu*, *você*)	Interlocução	Efeito de implicação (do leitor)	Publicidade, convocação, manual, receita etc.
Delocutivo	3ª pessoa (*ele*/*ela*)	Índices de objetividade	Efeito de distanciamento (impessoalidade)	Textos científicos, técnicos e informativos, gêneros acadêmicos

Fonte: quadro elaborado com base em Emediato (2010: 137-8).

O uso da elocução, em maior grau na 1ª pessoa do singular (*eu*) e em menor grau na 1ª pessoa do plural (*nós*), dá ao texto maior subjetividade, tornando-o mais pessoal. O uso da alocução, muito utilizada por autores como Machado de Assis, cria um efeito de participação do interlocutor, trazendo-o para "dentro" do texto. Já na delocução, tem-se um maior afastamento, produzindo um efeito de impessoalidade. Contudo, sabemos que, mesmo com aparente objetividade, todo texto carrega as marcas pessoais do sujeito enunciador. Isso pode ser observado pelo uso da linguagem, principalmente em relação às qualificações e à forma de representar o mundo, como veremos mais detalhadamente a seguir na apresentação do modo descritivo.

O MODO DESCRITIVO

> *O modo descritivo procura nomear, localizar no espaço, situar no tempo e qualificar os seres do mundo, com uma maior ou menor subjetividade.*

Segundo Garcia (1995: 246), descrever é apresentar um objeto, um ser, uma coisa, uma paisagem (e até um sentimento), por meio da indicação dos seus aspectos mais característicos, dos seus traços predominantes, dispostos de tal forma e em tal ordem, que, do conjunto deles, resulte uma impressão singularizante da coisa descrita, isto é, um quadro, que é a matéria da descrição.

Para Charaudeau (1992: 658), descrever consiste em ver o mundo com um "olhar parado", trazendo à existência os seres ao nomeá-los, localizá-los, e atribuir-lhes qualidades que os singularizam. Diferente da descrição, termo mais geral, que representa o resultado (ou seja, um texto ou fragmento de texto), o autor afirma que o descritivo representa o processo e seria um procedimento discursivo (modo de organização do discurso). A construção do modo descritivo conta com três tipos de componentes: *nomear*, *localizar/situar* e *qualificar* os seres do mundo, com uma maior ou menor subjetividade.

Nomear é *identificar* os seres do mundo, por meio de uma dupla operação: percepção (observar uma diferença) e classificação (relacionar essa diferença a uma semelhança). Como a percepção e a classificação dependem do sujeito que percebe, é o sujeito quem constrói e estrutura a visão de mundo (Charaudeau, 1992: 660). Por isso, como aponta Charaudeau (1992: 660), nomear não é um simples processo de "etiquetagem" de uma referência preexistente, mas sim o resultado de uma operação que consiste em fazer existir seres significantes no mundo, ao identificá-los e classificá-los.

Localizar/situar é determinar o lugar que um ser ocupa no *espaço* (localização) e no *tempo* (situação) e, por um efeito de retorno, atribuir características a esse ser (Charaudeau, 1992: 661). Quando as categorias de língua são utilizadas para estabelecer um enquadre espaço-temporal, é possível produzir dois efeitos: a identificação de lugares e épocas de um relato com precisão; ou a não identificação, o que deixa os lugares e o tempo incertos, vagos, porque o relato, nesse caso, não se ancora em nenhuma realidade específica, criando, assim, o efeito de atemporalidade.

Qualificar é atribuir a um ser, de maneira explícita, uma *qualidade* que o caracteriza e o especifica. Charaudeau (1992: 663) afirma que "qualificar é tomar partido". Desse modo, a qualificação, mesmo que pretenda ser objetiva, revela a ótica do enunciador. Além disso, o ato de qualificar permite ao sujeito falante manifestar um **imaginário sociodiscursivo** (individual ou coletivo) da construção e da apropriação do mundo, num jogo de conflito entre visões normativas, impostas pela sociedade, e suas próprias visões. Na qualificação, elegem-se "características, qualidades, que retratam o mundo perspectivamente, de acordo com um modo de olhar, através de um filtro ao mesmo tempo biológico/perceptivo e cultural/interpretativo" (Feres, 2012: 132).

Os **imaginários sociodiscursivos** "dão testemunho das identidades coletivas, da percepção que os indivíduos e os grupos têm dos acontecimentos, dos julgamentos que fazem de suas atividades sociais" (Charaudeau, 2006b: 207). Os imaginários apresentam um julgamento sobre o mundo, sob o olhar e valores dos próprios seres que habitam esse mundo. Conforme afirma Charaudeau (2015: 15), "é pelo olhar dos outros que somos marcados, etiquetados, categorizados".

Para exemplificar como o conhecimento sobre as características do modo descritivo pode contribuir na leitura e interpretação de textos, vamos analisar uma tirinha do Armandinho, personagem criado em 2009 por Alexandre Beck. Armandinho é um menino muito esperto e observador. Apesar de seu comportamento infantil e de suas observações aparentemente ingênuas, o personagem revela uma visão crítica da realidade, levando o leitor à reflexão.

Fonte: *Armandinho*, de Alexandre Beck, disponível em <https://pt-br.facebook.com/tirasarmandinho>, acesso em 12 maio 2020. (Uso autorizado pelo autor)

Publicada em 15 de abril de 2020, no período de distanciamento físico em razão da pandemia do coronavírus, a tirinha mostra Armandinho conversando com sua mãe. O filho diz que vai "dar uma volta" lá fora, pois está "*bem protegido*". Essa *qualificação* verbal é reforçada na imagem, que mostra o menino com vários apetrechos, como capa de chuva, luvas, máscara e sapatos. No entanto, a mãe diz que ele deve ter paciência, pois só estará realmente protegido se permanecer em casa, alertando Armandinho (no nível intratextual) e, consequentemente, o leitor (no nível extratextual) para a importância de se respeitar o confinamento como medida de prevenção. A palavra "protegido", portanto, apresenta significados diferentes para o menino e sua mãe: enquanto o pequeno emprega a palavra como "cheio de itens de proteção", o sentido se amplia na fala da mãe e quer dizer "fora de perigo". Implicitamente, quando a mãe pede "paciência", podemos também inferir que o menino está ficando *entediado* por ficar dentro de casa e, por isso, *ansioso* para sair.

Apesar de ser uma tirinha, gênero que geralmente tem situação no tempo indefinida para permanecer atemporal, as histórias do Armandinho muitas vezes se assemelham às charges, por estarem ancoradas no tempo, ao retratarem um acontecimento do noticiário. Por isso, o texto tem *localização-situação* bem definidas: o menino está *dentro de casa*, pois há perigo se sair *durante o período de alto contágio da doença*. Há ainda um contraste entre "fora" de casa e "dentro" de casa (localização), que, relacionado à ancoragem temporal (situação) e ao contexto que decorre dela, constitui-se como um importante elemento para a construção de sentido do texto.

A *nomeação* aparece ao analisarmos a tirinha como um todo, por meio do procedimento discursivo de *identificação*. A identificação das referências materiais nas imagens é essencial para a compreensão da tira, apresentando o contexto da história e contribuindo para qualificar e localizar os seres. Visualmente, temos os itens de proteção usados por Armandinho: capa de chuva, luvas, máscara e sapatos. Verbalmente, temos o substantivo "casa", concreto, e, ainda, o substantivo abstrato "paciência", que nomeia a qualidade que devemos desenvolver para superar momentos difíceis como em um período de pandemia.

Enfim, é possível notar que o modo descritivo, diferentemente dos modos narrativo e argumentativo, como veremos adiante, não se fecha em si em uma lógica interna e nem existe um percurso obrigatório para a sua construção. O descritivo está geralmente ligado a outro modo de organização e, sem ser totalmente dependente, ele adquire sentido (ou parte de seu sentido) em função dos outros modos (Charaudeau, 1992: 665). Por exemplo, o modo descritivo pode ser utilizado no desenvolvimento de argumentos. Além disso, o ato de descrever está estreitamente ligado ao de contar, porém se difere deste, pois, enquanto descrever produz um ponto de vista estático, contar produz um ponto de vista dinâmico, conforme mostraremos no próximo tópico.

O MODO NARRATIVO

> *O modo narrativo consiste em construir a sucessão das ações de uma história no tempo, com a finalidade de fazer um relato.*

De acordo com Charaudeau (1992: 711), "contar" não é simplesmente descrever uma sequência de fatos ou acontecimentos, como definem os dicionários. Na verdade, para o autor, contar é uma atividade linguageira cujo desenvolvimento implica uma série de tensões e até mesmo contradições (ação → reação = causalidade). Apesar de o sentido mais trivial do termo estar relacionado com a descrição de uma sequência de ações, contar não consiste necessariamente em fazer uma narrativa.

"Narrativa" seria um termo mais geral, que engloba os modos narrativo e descritivo, e que corresponde à finalidade "do que é contar", ou seja, descrever, ao mesmo tempo, ações e qualificações (Charaudeau, 1992: 715). Além disso, para que haja narrativa, Charaudeau (1992: 711) afirma que é necessário um "contador" que tenha uma intencionalidade, isto é, que queira transmitir certa representação da experiência do mundo a um destinatário, de uma certa maneira, em um determinado contexto. Contar, nesse caso, representa uma busca constante e infinita.

Logo, o modo narrativo organiza o mundo de maneira sucessiva e contínua, numa lógica cuja coerência é marcada por seu próprio fechamento (princípio/fim), e caracteriza-se por uma dupla articulação:

- a construção de uma sucessão de ações segundo uma lógica que vai constituir a trama da história (a organização da *lógica narrativa*);
- a realização de uma representação narrativa, isto é, daquilo que faz com que essa história se torne um universo narrado (a organização da *encenação narrativa*).

A organização da **lógica narrativa** se volta para o mundo referencial e é resultado da projeção sobre um plano (a história) de algumas das constantes da manifestação semântica da narrativa, ou seja, é uma hipótese de construção do que constitui a trama de uma história. Essa construção se realiza com a ajuda de alguns componentes, que podem ser de três tipos (Charaudeau, 1992: 718): os ***actantes***, que desempenham papéis relacionados à ação da qual dependem; os *processos narrativos*, que unem os actantes entre si, dando uma orientação funcional à sua ação (uma ação deve estar correlacionada com outras ações); as *sequências*, que integram processos e actantes numa finalidade narrativa segundo certos princípios de organização.

Ao falar sobre a **lógica narrativa**, Charaudeau baseou-se na semiótica narrativa desenvolvida a partir dos trabalhos de Propp sobre a análise do conto de fadas russo. Segundo o autor, diferentes correntes teóricas foram desenvolvidas a partir desse trabalho, com o objetivo de dar conta do complexo mecanismo da narrativa, e o ponto de vista que escolheu não é exclusivo de nenhuma teoria, nem pretende ser uma síntese de todas elas. Cada uma tem seu mérito por realçar um aspecto em particular, sem esgotá-lo em sua totalidade (Charaudeau, 2008a: 152).

"**Actante**" não deve ser confundido com "personagem", já que um actante, tendo um certo papel narrativo (agressor, benfeitor, aliado, oponente etc.), pode ser representado por diferentes tipos de personagens, da mesma forma que um mesmo personagem pode desempenhar muitos papéis narrativos e, assim, ocupar o lugar de diferentes actantes, no desenrolar de uma mesma história (Charaudeau, 2008a: 162).

Com relação às sequências, na composição da lógica narrativa, haverá uma sucessão de acontecimentos ligados entre si por uma relação de solidariedade, com uma abertura e um fechamento (*princípio de coerência*). A narrativa produzida a partir daí só terá sentido se estiver relacionada a um encadeamento de motivos dirigidos a um fim, ou seja, as ações devem ser motivadas (*princípio de intencionalidade*). Essas ações ou esses acontecimentos reagrupam-se em sequências ordenadas e organizadas segundo um *princípio de encadeamento*. Por fim, essa sucessão de acontecimentos coerente e motivada precisa ocorrer em um enquadramento espaço-temporal (ter pontos de referência), segundo um *princípio de localização* (Charaudeau, 1992: 727).

Podem-se destacar, então, quatro características principais da lógica narrativa. Conforme explicam Monnerat e Viegas (2012: 119), toda narrativa: 1) é apoiada numa sucessão cronológica de ações; 2) implica uma diferença entre estados do mundo ou situações (mudança de estado); 3) apresenta um conflito a ser resolvido; 4) deve apresentar uma integração de ações.

Além da lógica narrativa, toda narrativa depende da organização da *encenação narrativa*. A encenação narrativa cria o universo narrado (ou contado) propriamente dito, sob a responsabilidade de um sujeito narrante, que está ligado ao destinatário da narrativa por um contrato de comunicação (Charaudeau, 1992: 717). Tal sujeito narrante age ao mesmo tempo sobre a configuração da organização lógico-narrativa e sobre o modo de enunciação do universo narrado.

Ao falar sobre esse aspecto, Charaudeau (2008a: 183) explica que "quem conta (uma história) não é quem escreve (um livro) nem quem é (na vida)". Por isso, conforme esclarece o teórico, não se deve confundir o autor, ser psicológico e social, que escreveu uma história, e o narrador, "ser de papel", que conta essa história. Da mesma forma, são diferentes o leitor real, a quem é demandado um mínimo de competência de leitura, e o leitor, "ser de papel", destinatário de uma história contada por um narrador.

O autor e o leitor "reais", seres de identidade biopsicossocial, estariam num espaço externo ao texto, enquanto o narrador e o leitor-destinatário, seres de identidade discursiva, estariam em um espaço interno ao texto. Além disso, haveria uma **dupla encenação**: uma no mundo da produção e da interpretação da narrativa e outra no mundo da representação, dos personagens. Os personagens são os "habitantes da ficção" e seu espaço de existência é o texto (Brait, 2010: 5). Numa narrativa, eles interagem entre si e constroem uma enunciação ficcional, utilizando as mesmas estratégias comunicacionais de uma enunciação "real".

> Essa **dupla encenação** pode ser observada mais detalhadamente no quadro do contrato de comunicação aplicado ao gênero narrativo fábula que consta no primeiro capítulo deste livro, intitulado "A Semiolinguística vai para a escola".

Para demonstrar como funciona o modo narrativo, observemos uma das partes do conto "A live", de Caco Ishak, presente em uma coletânea de textos de vários autores, em formato e-book, que conta histórias de amor que se passam durante o período da **quarentena**.

DIA 22

Minha vó não para de tossir. Liguei pro número que a Secretaria de Saúde divulgou, fiquei uma hora respondendo um monte de perguntas, se a tosse da minha vó era seca, se ela estava com falta de ar, aí a moça saiu do telefone por quase cinco minutos e voltou perguntando se minha vó tinha viajado pro exterior, eu disse "não, isso realmente importa a essa altura?", e ela deu o veredicto a distância: não devia ser corona, mas, pela idade, seria melhor cuidar dela como se fosse, que infelizmente não havia mais leitos disponíveis na rede pública e, até onde ela sabia, nem na privada, então o jeito seria deixar minha vó de repouso absoluto em casa mesmo, ou isso ou se amontoar na rua, e que eu ficasse observando e voltasse a entrar em contato em caso de piora no quadro. De qual das duas, se no da minha vó ou se no meu, ela não especificou. Desligou antes que eu tivesse a chance de perguntar.

Fonte: Caco Ishak, "A live", em M. Damaso (org.), *Amores em quarentena*, São Paulo, Monomito, 2020, p. 23.

O título do livro, *Amores em quarentena*, usa a palavra **quarentena** de forma generalizada, abrangendo o que se chama de "distanciamento social", "isolamento social" e "quarentena". O site TelessaúdeRS, da UFRGS, diferencia os termos, sendo o primeiro "a diminuição de interação entre as pessoas" para diminuir o contágio; o segundo, à medida que visa a separar as pessoas doentes das não doentes; e o terceiro, "a restrição de atividades ou separação de pessoas que foram presumivelmente expostas a uma doença contagiosa, mas que não estão doentes (porque não foram infectadas ou porque estão no período de incubação)". Disponível em: <https://www.ufrgs.br/telessauders/posts_coronavirus/qual-a-diferenca-de-distanciamento-social-isolamento-e-quarentena/>, acesso em: 28 maio 2020.

Na história do conto, a personagem Simone, em tom pessimista, narra em primeira pessoa suas desventuras com sua avó, que fugiu do confinamento. O texto é dividido em partes que têm como subtítulo o dia de quarentena em que ela está. Imageticamente, após cada subtítulo, há traços riscados, simbolizando a contagem dos dias que já se passaram. No trecho em análise, a narradora-personagem conta seu estresse ao tentar ligar para uma central de saúde, após sua avó começar a apresentar alguns sintomas da doença.

Podemos dizer que o texto é predominantemente narrativo, pois apresenta: personagens (Simone, sua avó e a moça do telefone); um narrador que relata fatos (a tentativa de conseguir um primeiro atendimento); e dados a respeito do lugar onde as ações ocorreram (na casa dela). Além disso, é possível perceber uma mudança de um estado para outro (ponto de vista dinâmico), o que confere uma relação de anterioridade e posterioridade entre os enunciados (Monnerat e Viegas, 2012: 119): primeiro a avó começa a tossir, depois Simone liga para o número da Secretaria de Saúde, responde às perguntas da atendente e assim por diante.

O encadeamento da breve narrativa é em sucessão, pois as sequências ocorrem de maneira linear e consecutiva, ou seja, cada uma constitui o motivo que causa a seguinte (Charaudeau, 2008a: 170). Ao analisarmos o esquema narrativo do texto (princípio de intencionalidade), é possível identificar o seguinte percurso:

- *Abertura*: "Minha vó não para de tossir" → a avó apresenta sintomas da doença.
- *Falta*: "Liguei pro número que a Secretaria de Saúde divulgou" → a avó precisa ser examinada.
- *Busca*: "fiquei uma hora respondendo um monte de perguntas" → a personagem ligou para um número em busca de um primeiro atendimento.
- *Resultado*: "[disse] que eu ficasse observando e voltasse a entrar em contato em caso de piora no quadro. De qual das duas, se no da minha vó ou se no meu, ela não especificou. Desligou antes que eu tivesse a chance de perguntar" → *fracasso*: a atendente não ajuda em nada e ainda deixa a personagem estressada.

Esse conto é um exemplo interessante para ilustrar a construção da *encenação narrativa*. No *circuito externo* ao texto, encontram-se o *autor* (Eu-comunicante) de "A live", Caco Ishak, com sua identidade social (nascido em Goiânia, residente em Belém do Pará desde os 5 anos de idade e pai de três filhas)[3] e sua identidade discursiva (escritor, jornalista e tradutor literário, com seu estilo próprio de escrita e que, na posição de autor, apresenta-se como um observador e testemunha de sua época) e o *leitor-real* (Tu-interpretante), que se interessou pelo projeto *Amores em quarentena* e baixou o livro.

No circuito interno ao texto, há o *leitor-destinatário* (Tu-destinatário), que são as pessoas que provavelmente se identificarão com o livro, por terem experienciado o momento de pandemia, ou aquelas que buscarão um registro da época. No espaço interno ainda está a *narradora* (Eu-enunciador), chamada Simone, que também é *personagem* e conta sua própria história. A história em si transita entre o efeito de real e o efeito de ficção, pois se ancora em um acontecimento real, registrado na história, mas cria um universo paralelo, com situações que procedem da imaginação do autor.

Como podemos perceber, o sujeito que narra desempenha essencialmente o papel de uma testemunha que está em contato direto com o vivido, mesmo que seja de uma maneira fictícia (Charaudeau, 2008a: 157). Difere-se, portanto, do sujeito que descreve, que desempenha o papel de observador (ao identificar e qualificar os seres); e do sujeito que argumenta, que efetua operações abstratas de ordem lógica para explicar ligações de causa e efeito entre acontecimentos (Charaudeau, 2008a: 112), nosso último tema.

O MODO ARGUMENTATIVO

> *O modo argumentativo consiste em saber expor e provar causalidades dos acontecimentos, com o objetivo de influenciar o interlocutor.*

A argumentação faz parte de nosso dia a dia. Se considerarmos que todo ato comunicativo tem o objetivo de agir sobre o outro, como mostra Charaudeau (2008a: 68), a argumentação é, então, um aspecto inerente à linguagem. Em relação ao modo argumentativo, o autor define *argumentação* como uma totalidade, um termo mais geral que representa o resultado textual da combinação entre diferentes componentes linguísticos com uma finalidade persuasiva; o *argumentativo*, por sua vez, seria um mecanismo para produzir argumentação de diferentes maneiras (Charaudeau, 1992: 785).

A função do modo argumentativo é permitir a construção de explicações sobre asserções feitas a respeito do mundo (quer tratem de experiências ou de conhecimento), num duplo mecanismo (Charaudeau, 1992: 786):

- a *lógica argumentativa* (razão demonstrativa), que busca estabelecer relações diversas de causalidade (entre duas ou várias asserções);
- a *encenação argumentativa* (razão persuasiva), que busca estabelecer a prova com a ajuda de argumentos que justifiquem as propostas a respeito do mundo e as relações de causalidade que unem as asserções umas às outras.

Quanto *à lógica argumentativa*, para estabelecer uma relação de causalidade entre duas proposições sobre o mundo, aciona-se uma "operação lógica" para interligá-las, de modo que a existência de uma dependa da existência da outra (Charaudeau, 1992: 495). É importante destacar que essas duas asserções são ligadas por um laço que não é formal, mas conceitual, pois é o resultado das operações de pensamento, que criam relações de sentido entre pessoas, propriedades e ações.

Tal ligação lógico-conceitual pode ser visível na superfície do texto, por meio de diferentes marcas formais: palavras gramaticais que podem ser codificadas por conectores como conjunções, pronomes relativos etc.; palavras lexicais que incorporam uma implicação lógica; certas construções frasais que apresentam uma relação lógica; ou mesmo por um simples sinal de pontuação (Charaudeau, 1992: 496-7). Entretanto, cabe ressaltar que, conforme aponta Charaudeau (2008a: 203-4), a argumentação não se limita a uma sequência de frases ou de proposições ligadas por conectores lógicos, já que muitas combinações frásticas não possuem marcas explícitas de operação lógica e, principalmente, porque o aspecto argumentativo de um discurso frequentemente se encontra no que está implícito.

A relação argumentativa é definida em seu fundamento, portanto, como uma relação de *causalidade*. Para Charaudeau (1992: 525), a causalidade abarca um grupo bem maior do que o indicado pela tradição gramatical, que classifica as proposições em termos circunstanciais (causais, finais, consecutivas, condicionais etc.). Como já foi dito anteriormente, a proposta do teórico não se limita a uma visão meramente morfológica ou sintática, mas tem caráter, sobretudo, semântico. Tal ponto de vista percebe a mecânica conceitual de uma relação complexa, tal como a "causalidade", a partir de alguns dos procedimentos da lógica, sem negligenciar as limitações sintáticas da construção de enunciados, tendo em vista também as circunstâncias do discurso.

Sobre o assunto, Charaudeau (1992: 787) ainda esclarece que toda relação argumentativa é composta de pelo menos três elementos: 1) *uma afirmação de partida* (dado, premissa), que constitui uma fala sobre o mundo; 2) *uma afirmação de chegada* (conclusão, resultado), que representa o que deve ser aceito em decorrência da relação de causalidade com a afirmação de partida; 3) *afirmações de passagem* (inferências, provas, argumentos), que permitem passar da premissa (afirmação de partida) à conclusão (afirmação de chegada).

Pensando no ensino de produção textual, esses três elementos podem estar relacionados na macroestrutura do texto argumentativo da seguinte maneira:

Introdução (Afirmação de partida)	Apresentação do tema e da proposta (**tese** a ser defendida), demonstrando a posição assumida.
Desenvolvimento (Afirmações de passagem)	Apresentação de **argumentos** que fundamentam a tese e refutação de argumentos contrários.
Conclusão (Afirmação de chegada)	Retomada/reforço da posição assumida e considerações finais (**conclusão**).

Na *encenação argumentativa*, a razão persuasiva (busca de influência) dependerá do sujeito que argumenta e da situação em que este se encontra diante do interlocutor, lembrando que ambos estão ligados por um contrato de comunicação (Charaudeau, 1992: 803). Em razão disso, segundo o autor, para que haja argumentação, é necessário que exista (Charaudeau, 1992: 783):

- uma *proposta sobre o mundo* (tese) que leve alguém a um questionamento;
- um sujeito (*sujeito argumentante*) que desenvolva um raciocínio;
- um outro sujeito (*sujeito-alvo*) que constitui o alvo da argumentação.

O sujeito-alvo é a pessoa a quem se dirige o sujeito que argumenta, na esperança de que ele compartilhe a mesma verdade (persuasão), sabendo que ela pode aceitar (ficar a favor) ou recusar (ficar contra) a argumentação. Para atingir tais objetivos, o sujeito argumentante se entrega a uma tripla atividade discursiva. Primeiro, deve *problematizar* uma certa asserção, ou seja, mostrar qual é a questão que se coloca em sua proposta e o que se deve pensar sobre ela (questionamento). Depois, *posicionar-se* com relação à problematização feita e, assim, dizer qual é seu ponto de vista em relação às afirmações presentes (escolha). Por fim, *provar* a sua tese, escolhendo argumentos que possam justificar a escolha do seu posicionamento e que permitam ao interlocutor julgar a validade do ato de elucidação que foi instaurado a partir da problematização inicial (raciocínio/argumentos) (Charaudeau, 2008b).

> A **legitimação**, a **credibilidade** e a **captação** são conceitos desenvolvidos neste livro, no capítulo "A Semiolinguística vai para a escola".

Para o desenvolvimento de tais atividades cognitivas, o sujeito argumentante pode desenvolver estratégias de argumentação em função dos alvos de influência que correspondem a seu projeto de fala. O desenvolvimento dessas estratégias gira em torno de três elementos: a **legitimação**, a **credibilidade** e a **captação** (Charaudeau, 2004b: 42), duas delas citadas na análise do outdoor. A *legitimação* visa a determinar a posição de autoridade que permite ao sujeito tomar a palavra. A *credibilidade* tem por finalidade determinar a posição de verdade do sujeito, para que ele possa "ser levado a sério" (Charaudeau e Maingueneau, 2004: 143). Já a *captação* tem o objetivo de seduzir ou persuadir o parceiro da troca comunicativa, de tal modo que ele entre no quadro argumentativo do sujeito falante e partilhe a intencionalidade, os valores e as emoções dos quais o ato comunicativo é portador.

Charaudeau (2004b: 37) defende a ideia de que todo ato de linguagem só tem significado em função da situação de comunicação na qual ele é produzido, da identidade e da intencionalidade do sujeito responsável por tal ato de linguagem, do tema de que trata (a tematização) e das circunstâncias materiais em que ele se encontra. Desse modo, mesmo que o ato de argumentar dependa de certa dinâmica, não podemos nos referir à ideia de que existiria uma forma ideal de argumentar, um modelo único, já que tal ato só pode ser julgado e validado em função de imposições da situação de comunicação e do projeto de fala (Charaudeau, 2004b: 44). Da mesma forma, não podemos dizer que um texto é exclusivamente argumentativo, visto que, como já dissemos, em um mesmo texto podem coexistir sequências de modos de organização do discurso diversas.

Para verificar algumas características do modo argumentativo, vejamos o seguinte excerto de um artigo que fala sobre como a solidariedade poderia minimizar os efeitos do distanciamento/isolamento/quarentena por causa da pandemia:

O título do artigo também usa a palavra "quarentena" como um termo geral, não somente para as pessoas que tiveram contato com pessoas doentes.

Ajudar as pessoas faz bem à saúde mental na quarentena, diz neurociência...

Fernanda Teixeira Ribeiro*, 11/05/2020.

Ansiedade, tristeza, inutilidade e falta de sentido da vida – são alguns dos sentimentos relatados por muitas pessoas diante da pandemia de covid-19. De fato, a necessidade de permanecer em casa significou ruptura de planos e temores sobre o futuro. Por outro lado, muitos estão reagindo à pandemia com iniciativas solidárias e descobrindo que colocar suas habilidades a serviço do outro pode amenizar o peso psicológico da quarentena e, ainda, contribuir ativamente no combate ao coronavírus. [...]

Segundo o neurocientista Paulo Sérgio Boggio, coordenador do Laboratório de Neurociência Cognitiva e Social da Universidade Mackenzie, os desafios intrínsecos à quarentena vão de encontro ao senso comum de que o ser o humano age essencialmente por interesse próprio, guiado por decisões utilitárias de perdas e ganhos. [...]

No entanto, existe um nível mais elaborado e potente de gratificação, gerido por valores subjetivos, como a noção de significado da própria existência. "Por isso nos sentimos bem em saber que estamos sendo úteis e, mais ainda, quando nossos esforços e capacidades são reconhecidos, mesmo quando não há remuneração envolvida. Isso ativa o senso de pertencimento", explica Boggio. [...]

* *Fernanda Teixeira Ribeiro é neurocientista, editora e escritora, mestre e doutoranda em Neurociências do Desenvolvimento na Universidade Presbiteriana Mackenzie.*

Fonte: <https://www.uol.com.br/vivabem/noticias/redacao/2020/05/11/ajudar-as-pessoas-faz-bem-a-saude-mental-na-quarentena-diz-neurociencia.htm>, acesso em 12 maio 2020.

Ao analisar a *lógica argumentativa* (nível linguístico), numa visão micro, já que se trata de um trecho do original, podemos depreender do primeiro parágrafo o seguinte esquema:

Asserção de partida A1 (premissa)	Ansiedade, tristeza, inutilidade e falta de sentido da vida são alguns dos sentimentos relatados por muitas pessoas diante da pandemia de covid-19.
Asserções de passagem	**Argumento**: A necessidade de permanecer em casa significou ruptura de planos e temores sobre o futuro. **Possíveis inferências**: As pessoas precisam se sentir úteis e encontrar sentido para a vida, de modo a ficarem menos ansiosas e tristes.
Asserção de chegada A2 (conclusão)	Muitos estão reagindo à pandemia com iniciativas solidárias e descobrindo que colocar suas habilidades a serviço do outro pode amenizar o peso psicológico da quarentena e, ainda, contribuir ativamente no combate ao coronavírus.

Há, aparentemente, uma relação lógica de oposição entre A1 e A2. Isso pode ser verificado na superfície do texto pelo uso do conectivo "Por outro lado". A asserção de passagem "A necessidade de permanecer em casa significou ruptura de planos e temores sobre o futuro" explica o motivo de as pessoas experimentarem os sentimentos nomeados em A1. A partir de A1, também é possível fazer algumas inferências que levam a A2. Tudo isso reforça a ideia expressa na asserção de chegada: "colocar suas habilidades a serviço do outro pode amenizar o peso psicológico da quarentena e, ainda, contribuir ativamente no combate ao coronavírus".

Na *encenação argumentativa* (nível discursivo), temos como sujeito argumentante uma neurocientista, escrevendo para o canal *Viva bem*, do UOL. O sujeito destinatário é o leitor do canal, provavelmente alguém que se preocupa com o bem-estar físico e mental. A tese defendida é a de que "ajudar as pessoas faz bem à saúde mental na quarentena", expressa logo no título do artigo. Como estratégias de argumentação, encontramos a legitimação e a credibilidade, pois são citadas explicações do coordenador do Laboratório de Neurociência Cognitiva e Social de uma universidade. A captação é feita pela atualidade do assunto (artigo publicado na época da pandemia) e por falar de sentimentos e experiências que muitos viveram durante o período ("ansiedade, tristeza, inutilidade e falta de sentido da vida", "ruptura de planos e temores sobre o futuro").

Esse é um texto predominantemente argumentativo. No entanto, há autores que dizem que qualquer enunciado tem caráter argumentativo, pois, quando interagimos, de alguma maneira, visamos a influenciar o outro. Nesse caso, quando o caráter argumentativo de um texto não é explícito, podemos dizer que o texto se reveste de *argumentatividade*. As fábulas, por exemplo, predominantemente narrativas, apresentam argumentatividade, pois trazem em sua essência uma lição de moral, um ensinamento. E, para analisar a argumentatividade produzida na/pela linguagem, é preciso considerar a diversidade e o dinamismo provenientes das situações de uso da língua.

Os gêneros argumentativos geralmente são bastante populares no meio escolar e os preferidos nas provas oficiais para acesso ao nível superior. Por isso, para professores, entender o modo argumentativo é de grande relevância. E, mais importante, ensinar sobre argumentação é um exercício de cidadania: quando o aluno aprende a argumentar e a reconhecer as estratégias de captação com as quais é envolvido todos os dias, ele pode ser capaz de adquirir autonomia e, assim, tornar-se um sujeito apto a construir sua própria história. Cabe ainda acrescentar que o trabalho não só com o argumentativo, mas com os modos de organização do discurso em geral pode ajudar a desenvolver a capacidade de interpretação dos alunos, como mostraremos na próxima seção.

AMPLIANDO A VISÃO DO PROFESSOR

Estudar os modos de organização do discurso sob a perspectiva da Teoria Semiolinguística de Análise do Discurso pode ampliar a visão do professor com relação ao trabalho com leitura, interpretação e produção de textos. Esta é uma teoria que trabalha os aspectos discursivos e situacionais, sem perder de vista, porém, os aspectos linguísticos, já que, como aponta seu autor, a enunciação utiliza os próprios elementos da *língua* para colocá-los em *discurso* (Charaudeau, 1992: 569).

Apesar de destacarmos a relevância de se conhecer e abordar a organização textual, é preciso lembrar que o texto deve ser sempre a unidade de ensino. Os modos de organização não devem ser trabalhados somente em textos fragmentados; o ideal é que se ponha em destaque a contribuição de cada um na construção global de sentido de um texto e seu papel nos diferentes gêneros discursivos. Assim, os alunos poderão ser levados a entender melhor como a língua funciona na prática e, consequentemente, perceber que os textos são produzidos de determinada forma, a partir de um objetivo, dependendo da intenção do locutor.

Conforme foi mostrado, cada modo de organização tem suas especificidades. No entanto, como todo texto é heterogêneo em sua construção, um bom exercício de leitura e interpretação deve levar em conta as características de todos os modos, dando destaque para o predominante. E isso pode ser feito de diferentes maneiras. Mudando um pouco a temática de fundo trazida nos textos analisados até aqui, vejamos um exemplo de atividade de interpretação para o texto "A princesa e a rã", sem autoria definida.[4]

A princesa e a rã

Era uma vez... numa terra muito distante... uma princesa linda, independente e cheia de autoestima. Ela se deparou com uma rã enquanto contemplava a natureza e pensava em como o maravilhoso lago do seu castelo era relaxante e ecológico...

Então, a rã pulou para o seu colo e disse: linda princesa, eu já fui um príncipe muito bonito. Uma bruxa má lançou-me um encanto e transformei-me nesta rã asquerosa. Um beijo teu, no entanto, há de me transformar de novo num belo príncipe e poderemos casar e constituir lar feliz no teu lindo castelo. A tua mãe poderia vir morar conosco e tu poderias preparar o meu jantar, lavar as minhas roupas, criar os nossos filhos e seríamos felizes para sempre...

Naquela noite, enquanto saboreava pernas de rã *sautée*, acompanhadas de um cremoso molho acebolado e de um finíssimo vinho branco, a princesa sorria, pensando consigo mesma:

– Eu, hein?... nem morta!

Fonte: Autoria desconhecida, disponível em <https://paic.seduc.ce.gov.br/index.php/fique-por-dentro/downloads/category/199-setembro-caderno-de-atividades?download=1682%3Acaderno-atividades-portugues-9-ano>, acesso em 12 maio 2020.

Nesse texto, uma paródia de um conto de fadas, predomina a narração. Sobre a construção do *modo narrativo*, são possíveis questões:

1) A princesa contemplava a natureza e pensava em "como o maravilhoso lago do seu castelo era relaxante e ecológico". Com relação à construção do enredo, que fato rompe com a calmaria da situação inicial, preparando o leitor para o conflito que será estabelecido?
2) Iniciar o texto por "Era uma vez..." é uma característica própria dos contos de fadas. No entanto, o narrador quebra a expectativa do leitor ao escrever um final diferente daquele que seria o esperado para um conto de fadas tradicional. Justifique essa afirmativa.

A questão 1 aborda a quebra da situação inicial e o estabelecimento de um conflito. A questão 2 chama a atenção para a abertura e o fechamento do conto (princípio de coerência). Ao discutir a questão 2 com os alunos, pode-se destacar também o fato de que toda princesa de contos de fadas busca se casar com um príncipe encantado (objetivo/princípio de intencionalidade), além de mostrar como o encadeamento de ações leva à transformação do estado inicial para o final (princípio de encadeamento).

Focalizando o *modo descritivo*, uma boa estratégia é destacar como a qualificação da princesa é importante para a construção da narrativa (questões 3 e 4). O *modo enunciativo* pode ser explorado ao se analisar a perspectiva do narrador, pois sabemos que esta não é escolhida de maneira gratuita, mas tem um objetivo na narrativa (questões 5 e 6):

3) No primeiro parágrafo, que adjetivos são usados para caracterizar a princesa? Essa qualificação corresponde a suas ações na história? Justifique.
4) A partir dessa caracterização, compare a princesa do conto apresentado às princesas dos contos de fadas tradicionais.
5) O conto é um gênero tipicamente narrativo. Que tipo de narrador e foco narrativo são empregados no texto?
6) Caso o texto tivesse sido narrado em outra perspectiva, teria o mesmo efeito? Por quê?

O *modo argumentativo*, por sua vez, aparece no plano de fundo (questão 9), pois é possível dizer que esse texto, além de ser baseado em um conto de fadas, traz em si uma lição de moral, assim como as fábulas. Esse modo de organização também pode ser identificado nos argumentos usados pela rã (questões 7 e 8), que não foram suficientes para convencer a princesa, já que os dois não compartilham a mesma visão de mundo.

7) O que pretendia a rã? Quais os argumentos usados para convencer a princesa?
8) Considerando a personalidade da princesa, os argumentos foram eficazes? Por quê?
9) Poderíamos dizer que, assim como nas fábulas, o conto teria uma lição de moral. Qual dos provérbios populares a seguir poderia ser usado como moral da história? Justifique.
   a) A fome é a melhor cozinheira.
   b) Antes só do que mal acompanhado.
   c) O que não tem remédio remediado está.

Este é apenas mais um exemplo de como o estudo dos modos de organização do discurso pode contribuir para o aprimoramento da elaboração de tarefas de leitura e interpretação. Os exemplos trazidos ao longo do capítulo também visam a ampliar as possibilidades de trabalho com a leitura e produção de textos nas aulas de Língua Portuguesa e reforçam a ideia de que a língua não deve ser estudada de forma isolada em sua estrutura, já que a compreensão/interpretação de um texto precisa articular os dois níveis de significação (língua e discurso).

E é isso que pretende Charaudeau em sua gramática, quando, ao apresentar os modos de organização do discurso, analisa as categorias da língua sob o viés do sentido e explora os efeitos discursivos que são desencadeados nas diferentes situações de comunicação. Por isso, acreditamos que este é um estudo que deve ser compartilhado não só com a comunidade acadêmica, mas também com os professores da educação básica, num movimento de troca de experiências que ajude o docente a instrumentalizar seus alunos, possibilitando que se tornem leitores eficientes, sejam cidadãos críticos e saibam se expressar melhor no mundo em que vivemos.

Notas

[1] Disponível em: <http://www.janela.com.br/2020/03/24/outdoor-da-ps-media-faz-sucesso-e-se-espalha-pelo-brasil/>. Acesso em: 12 maio 2020.

[2] Disponível em: <http://www.portaldomarketing.net.br/o-significado-das-cores-o-vermelho-em-propaganda-publicidade-e-marketing/>. Acesso em: 12 maio 2020.

[3] Disponível em: <http://www.antoniomiranda.com.br/poesia_brasis/para/caco_ishak.html>. Acesso em: 28 maio 2020.

[4] Intitulado por alguns como "Conto de fadas para as mulheres do século XXI", a autoria do texto "A princesa e a rã" é atribuída, em vários sites e blogs, ao escritor Luis Fernando Verissimo. Contudo, ninguém cita a fonte original de sua publicação, o que trouxe dúvidas sobre a veracidade da informação. O Grupo Companhia das Letras, que publicou a maioria de seus livros, e a filha do autor, que cuida de suas obras, foram consultados e não encontraram o texto em seus registros. Além disso, a Agência Riff, que administra os direitos autorais de Verissimo, afirmou que o texto não é dele. Por isso, nesta obra, dizemos que o conto é de "autoria desconhecida". Todos os esforços foram feitos para encontrar os detentores dos direitos. Caso essa informação chegue às autoras do livro, o crédito poderá ser incluído posteriormente, caso haja reimpressão.

Gêneros discursivos entre restrições e liberdades

Eveline Coelho Cardoso

Em agosto de 2018, um texto produzido por um menino de apenas 6 anos do interior paulista ficou famoso nas redes sociais e provocou inúmeras réplicas, inclusive por parte de empresas e celebridades. Tratava-se de um bilhete por meio do qual Gabriel Lucca, tentando se passar por sua professora, desejava convencer a mãe de que não precisava levá-lo à escola. A fama do texto deveu-se à frase "é verdade esse bilete", que encerrava a mensagem, representando um esforço do autor para sustentar a veracidade pretendida, apesar da simplicidade do conteúdo e do suporte (um pedaço rasgado de uma folha de caderno), da caligrafia rudimentar e dos desvios ortográficos que depunham contra ele.[1]

Esse ardiloso projeto infantil nos relembra que uma palavra, um símbolo, uma imagem, um gesto nunca são lançados ao acaso. Empreendemos essa descoberta na mais tenra idade, ao percebermos que a linguagem é o meio pelo qual podemos materializar nossas intenções e interagir com o outro, qualquer que seja o sistema de signos que utilizarmos. Como propôs Bakhtin (1992, 1994), tendo em vista o princípio dialógico inerente à própria linguagem, tomar a palavra é construir com o outro pontes e arenas, onde mutuamente serão postos em circuito pensamentos, interesses, representações, opiniões, enfim, onde será concedido e assegurado um *querer dizer*.

Contudo, a forma aplicada aos enunciados emergentes da interação verbal ou não verbal não é totalmente livre, à vontade dos interlocutores: suas diversas materializações e arranjos formais estão ligados a expectativas definidas dentro das comunidades linguageiras, e quebrar esse vínculo,

> Embora os termos **gêneros discursivos**, **gêneros do discurso** e **gêneros textuais** sejam tomados, muitas vezes, como intercambiáveis, a exemplo do que faz Marcuschi (2008), a opção pelos dois primeiros costuma associar-se a perspectivas teóricas mais centradas nas circunstâncias de produção dos gêneros e em sua ancoragem social, ao passo que o termo "gêneros textuais" condiz com abordagens mais preocupadas com características estruturais e/ou aspectos mais formais desses objetos (Cf. Charaudeau e Maingueneau, 2004: 251). Para os fins a que se destina este capítulo, não faremos distinção entre tais termos.

intencionalmente ou não, pode acarretar mal-entendidos – ou boas risadas, como ocorreu com o Gabriel. Tais efeitos se devem, em parte, aos chamados **gêneros discursivos**, **gêneros do discurso** ou **gêneros textuais**, entendidos, de modo geral, como categorias dinâmicas e fluidas, distintivas do discurso falado ou escrito (Marcuschi, 2008: 151).

O conceito de gênero remonta à Antiguidade Clássica, quando houve uma preocupação com a sistematização de textos literários e retóricos. Segundo Marcuschi (2008), a teoria aristotélica sobre as estratégias e estruturas dos discursos retóricos foi pioneira e já evidenciava a associação entre formas, funções e tempo nesses gêneros, de modo que se estendeu até a Idade Média e fundamentou, inclusive, os estudos mais recentes da Retórica como disciplina particular. Hoje, nacional e internacionalmente, multiplicam-se as publicações sobre gêneros nas mais diversas áreas de pesquisa, sobretudo, as que envolvem o ensino de língua(s), revelando-se novas concepções e abordagens sobre o mesmo tema, em geral, com foco na natureza sociocultural do uso da língua.

Disseminados na década de 1960, os escritos bakhtinianos apoiam as mais diversas abordagens sobre o tema dos gêneros contemporaneamente. O filósofo russo legou-nos a inevitável concepção dos *gêneros do discurso* como "tipos relativamente estáveis de enunciados", elaborados no interior de cada esfera de utilização da língua e definidos em termos de *conteúdo temático*, *estilo verbal* e *construção composicional* (1994: 279). Nessa perspectiva, os usos situados da língua e a presença ativa do interlocutor tornam-se fatores determinantes da comunicação humana e conduzem o entendimento sobre como a língua é "formatada" ao ser posta em funcionamento.

Além do contexto social, Bakhtin dá ênfase ao vínculo do sistema verbal com a intencionalidade humana, que determina a amplitude e as fronteiras do enunciado como unidade real da comunicação. Dessa forma, segundo o autor, "o querer dizer do locutor se realiza acima de tudo na escolha de um gênero do discurso" (Bakhtin, 1994: 301), o qual representa um enquadre bastante complexo e fluido para o discurso em cada situação de comunicação. A própria intencionalidade é, ainda, fator preponderante para a variedade dos gêneros discursivos – variedade que acompanha, por sua vez, as necessidades comunicativas humanas diante do desenvolvimento e da evolução das tecnologias ao longo do tempo.

Os preceitos bakhtinianos encontram eco nos estudos de Patrick Charaudeau, idealizador da Teoria Semiolinguística de Análise do Discurso (1992, 2004a, 2005, 2008a), que aponta um modelo de análise da construção do sentido em textos diversos, levando em conta que esse processo ocorre dentro de um quadro situacional e interativo que regula os comportamentos e as escolhas linguísticas feitas pelos interlocutores. A linguagem, o contexto social, as situações de comunicação e os sujeitos estão, pois, imbricados na geração de *atos de linguagem*, numa relação contratual que dará origem aos textos e discursos – já "formatados" em gêneros – com seus múltiplos sentidos.

Por esse prisma, falar ou escrever equivalem a um processo de constituição dos fatos de linguagem em torno de três polos interagentes: "um 'querer dizer' que se define através de um 'como dizer', em função de um 'poder dizer' dado pela situação" (Charaudeau, 2015a: 246; grifos do autor). Os gêneros discursivos são, portanto, definidos por Charaudeau (2004a) como "situacionais", considerando sua interdependência em relação à situação de comunicação e às condições de um contrato comunicativo, o que permite entender o gênero como um lugar de "instrução do como dizer" associado a uma competência situacional.

Neste capítulo, que tem como alvo a reflexão sobre os gêneros discursivos com vistas a uma articulação com o ensino, recuperaremos alguns aspectos fundamentais desse conceito e outras noções a ele articuladas, visando a ressaltar a contribuição da Teoria Semiolinguística para a descrição, análise e aplicação dessa categoria textual como recurso pedagógico (Charaudeau, 2004a). Como veremos, sob esse enfoque teórico, é necessário observar as circunstâncias do ato de linguagem que dá origem aos gêneros e descrever as restrições de seu contrato de comunicação – restrições estas latentes na produção/interpretação de todo texto/discurso e na própria configuração dos gêneros discursivos.

Sabendo que é o reconhecimento dessas restrições que garante o sucesso da troca comunicativa entre os parceiros, é notório que atividades didáticas que levem os estudantes a observar e experimentar o funcionamento real do jogo discursivo podem oferecer um caminho coerente e significativo para a abordagem dos gêneros do discurso em qualquer etapa escolar. Segundo Charaudeau, essa abordagem deverá levar em conta a articulação dos diferentes níveis de produção do ato de linguagem, que se ajustam sempre, nas palavras do autor, a um "querer dizer", a um "como dizer" e a um "poder dizer".

DIÁLOGOS TEÓRICOS EM TORNO DO CONCEITO DE GÊNEROS DISCURSIVOS

Luiz Antônio Marcuschi (2008), um dos principais pesquisadores da problemática do texto no Brasil, nos fornece um panorama dos estudos dos gêneros textuais, explicando que, desde a Antiguidade Clássica, o conceito expandiu suas fronteiras e hoje fomenta uma infinidade de pesquisas mais concentradas na área de Linguística, particularmente, das teorias discursivas.

O autor destaca quatro correntes importantes de estudo dos gêneros textuais no Brasil, assim resumidas: 1) uma linha orientada pela Escola de Genebra, mais voltada para o ensino, representada por Bernard Schneuwly e Joaquim Dolz, e também por Jean-Paul Bronckart; 2) uma perspectiva mais formal da escola norte-americana de John Swales; 3) uma abordagem da Escola Australiana de Sydney, ancorada na teoria sistêmico-funcional de Michael Halliday; e 4) uma orientação mais geral, embasada por diversos autores, tais como Mikhail Bakhtin, Jean-Michel Adam, Charles Bazerman, Caroline Miller, Günther Kress, Norman Fairclough, entre outros.

Marcuschi (2008: 152) salienta que, não obstante cada perspectiva teórica apoiar-se em critérios e metodologias próprios, os postulados bakhtinianos perpassam todas essas principais tendências, o que se deve, segundo o autor, ao aspecto macroanalítico e amplificado das categorias propostas pelo filósofo russo, bem como à concepção de linguagem que as fundamenta, cuja filiação sócio-histórica e dialógica representa uma espécie de "bom senso".

Com efeito, na concepção bakhtiniana, os gêneros do discurso são produto das condições e finalidades da linguagem em funcionamento, estando, portanto, determinados pelo uso e pela interação emergentes em cada esfera de atividade humana. Conforme Bakhtin (1994: 283, 293), a situação e o meio social determinam a estrutura da enunciação e instauram o enunciado como "*unidade real* da comunicação verbal", de modo que ignorar essa natureza e as particularidades dos gêneros desvirtua a historicidade dos estudos da língua e enfraquece o vínculo entre essa e a vida.

Por outro lado, como já pontuamos, os gêneros são sustentados por uma estrutura verbal organizada em torno de um *conteúdo*, um *estilo* e uma *construção composicional*, que se fundem no todo do enunciado e incidem sobre sua caracterização. Eis a definição proposta por Bakhtin:

> A utilização da língua efetua-se em forma de enunciados (orais e escritos), concretos e únicos, que emanam dos integrantes duma ou doutra esfera da atividade humana. O enunciado reflete as condições específicas e as finalidades de cada uma dessas esferas, não só por seu conteúdo (temático) e por seu estilo verbal, [...] mas também, e, sobretudo, por sua construção composicional. [...] Qualquer enunciado considerado isoladamente é, claro, individual, mas cada esfera de utilização da língua elabora seus tipos relativamente estáveis de enunciados, sendo isso que denominamos gêneros do discurso. (Bakhtin, 1994: 279)

Segundo Bakhtin, o conteúdo compreende as unidades temáticas de um texto; o estilo diz respeito à seleção operada nos recursos lexicais, fraseológicos e gramaticais da língua, podendo ser de natureza individual ou propriamente linguística; e a construção composicional compreende o tipo de estruturação e o tipo de relação entre o locutor, seu(s) interlocutor(es) e outros discursos. Estão no foco a alternância dos sujeitos e as formas estáveis de acabamento dos gêneros, que se configuram como particularidades discursivas dos enunciados, as quais, na visão do autor, diferem essencialmente das particularidades formais e abstratas das unidades linguísticas em si mesmas (Bakhtin, 1994: 297-9).

A infinita variedade e heterogeneidade dos gêneros do discurso, para Bakhtin, corresponde à variedade e à constante ampliação das esferas de atividade humana e é sempre atravessada pela visão de mundo e pela intencionalidade dos sujeitos. Dada a circulação de um gênero por essas diversas esferas, pode ter natureza *primária*, mais simples, espontânea e dialógica, como se vê na carta, no bilhete e no diálogo cotidiano; ou pode ter natureza *secundária*, mais complexa, institucional e monológica, a exemplo do romance, do teatro e do discurso científico, por exemplo. Segundo Bakhtin, os gêneros secundários absorvem e transmutam os gêneros primários, privando-os, assim, de sua ancoragem imediata na realidade e no discurso alheio (Bakhtin, 1994: 281).

Partindo das bases lançadas por Bakhtin, Marcuschi (2002, 2008) também leva em consideração aspectos sociocomunicativos e funcionais do que define como *gêneros textuais*, descrevendo-os, de forma propositalmente vaga, como "formas de ação social" e "práticas sociodiscursivas". O autor compartilha com outros estudiosos – como Charles Bazerman, Jean Paul Bronckart e John Swales – o entendimento dos gêneros como textos materializados que apresentam características sociocomunicativas definidas por *conteúdos*, *propriedades funcionais*, *estilo* e *composição característica*.

Segundo o linguista brasileiro, para além das peculiaridades linguísticas e estruturais, uma vez mais, são as funções comunicativas, os usos e condicionamentos sociopragmáticos os fatores decisivos para a compreensão do conceito de gêneros. Tais fatores nos permitem observá-los também como: categorias culturais, esquemas cognitivos, formas de ação social, estruturas textuais, formas de organização social, ações retóricas (Marcuschi, 2008: 149). Além disso, com propósito claro e definido pela situação na qual se originam, os gêneros atuam, ainda, como formas de controle social e legitimação discursiva. Por isso, segundo Marcuschi (2002: 29), mais do que ter habilidade com a matéria linguística, dominar um gênero envolve a capacidade – e a vantagem – de lidar linguisticamente com objetivos e situações sociais particulares determinados pela máquina sociodiscursiva que nos cerca:

> [...] um dos instrumentos mais poderosos dessa máquina são os gêneros textuais, sendo que seu domínio e manipulação depende boa parte da forma de nossa inserção social e de nosso poder social. Enfim: quem pode expedir um *diploma*, uma *carteira de identidade*, um *alvará de soltura*, uma *certidão de casamento*, um *porte de arma*, escrever uma *reportagem jornalística*, uma *tese de doutorado*, dar uma *conferência*, uma *aula expositiva*, realizar um *inquérito judicial* e assim por diante? (Marcuschi, 2008: 162; grifos do autor)

Não faltam, no universo midiático contemporâneo, exemplos que comprovam o que nos diz Marcuschi. É o caso das recentes controvérsias envolvendo líderes políticos e ministros, que ostentaram em seus currículos títulos acadêmicos (de mestrado e doutorado) nunca concluídos. Vejamos que tais ocorrências contrariam – e, nesse sentido, trazem para o debate – as condições de produção de um currículo, o papel desse documento nas relações sociais, bem como a legitimidade e a credibilidade necessárias aos seus autores. É reflexão, sem dúvida, indispensável às aulas de língua materna.

A perspectiva sociocomunicativa também orienta a abordagem de Dominique Maingueneau (2008), para quem os gêneros do discurso são definidos como dispositivos tipológicos da ordem das situações de comunicação, que só podem aparecer quando certas condições sócio-históricas estão presentes. Segundo Maingueneau, para a análise do discurso – teoria à qual se filia –, critérios de diferentes ordens estão indissociavelmente implicados na abordagem dos gêneros do discurso, tais como suas *funções sociais*, o *lugar institucional*, o *estatuto dos parceiros* e a *natureza ideológica*, que lhes impõem condições de êxito.

Em consonância com Bakhtin, que descreve os gêneros como condição para que haja troca linguageira e como fator de economia linguística (1994: 285,

302), o domínio de vários gêneros do discurso é tratado pelo renomado analista francês como garantia da comunicação e como recurso para evitar violências, angústias e mal-entendidos durante a troca verbal (Maingueneau, 2008: 64). Maingueneau postula, assim, que o conhecimento partilhado sobre os gêneros numa determinada comunidade configura-se como uma *competência genérica*, que garante a legitimação dos sujeitos ao transitar verbalmente por ela.

Finalizando esse pequeno diálogo entre diversos teóricos e suas perspectivas sobre os gêneros, convém pontuar, ainda que superficialmente, a contribuição dos professores e pesquisadores suíços Joaquim Dolz e Bernard Schneuwly ao estudo dos gêneros no Brasil, substanciada, em especial, na obra *Gêneros orais e escritos na escola* (2004).

Pensando na problemática da classificação geral dos textos sob uma perspectiva interacionista ancorada em Bakhtin, Dolz e Schneuwly (2004: 24) partem de uma definição de gênero como "instrumento semiótico complexo, isto é, uma forma de linguagem prescritiva, que permite, a um só tempo, a percepção e a compreensão dos textos". Segundo o autor, concebido como instrumento, o gênero, ao mesmo tempo em que medeia uma atividade, também a representa e materializa, de modo que prefigura situações de linguagem e, ao mesmo tempo, as constitui: sem romance, por exemplo, não há leitura e escrita de romance. "A mestria de um gênero aparece, portanto, como coconstitutiva da mestria de situações de comunicação" (Dolz e Schneuwly, 2004: 44).

Defendendo que a aprendizagem da comunicação oral ou escrita deve se dar de forma sistemática, Dolz e Schneuwly (2004) elaboram uma estratégia de ensino denominada **sequência didática**, que se organiza em módulos conjuntos destinados a melhorar determinada prática de linguagem – ou gênero textual. Eis o princípio dessa metodologia pedagógica no dizer dos autores:

> Para exemplo de **sequência didática**, consultar a aplicação pedagógica proposta neste livro, no capítulo "A Semiolinguística vai para a escola".

> O trabalho escolar, no domínio da produção de linguagem, faz-se sobre os gêneros, quer se queira ou não. Eles constituem o instrumento de mediação de toda estratégia de ensino e o material, necessário e inesgotável, para o ensino da textualidade. A análise de suas características fornece uma primeira base de modelização instrumental para organizar as atividades de ensino que esses objetos de aprendizagem requerem. (Dolz e Schneuwly, 2004: 44)

A proposta das sequências didáticas apresentada pelos pesquisadores suíços é viabilizada, ainda, por sugestões provisórias de agrupamento e progressão dos gêneros textuais a serem trabalhados ao longo de todo o percurso escolar. Tendo por pano de fundo uma concepção aberta e negociada de currículo, os autores agrupam diferentes gêneros a partir dos domínios sociais de comunicação em que circulam – ou esferas de atividade humana, nos termos de Bakhtin (1994) –, dos aspectos tipológicos presentes (narrar, descrever, relatar, argumentar, expor) e das capacidades de linguagem predominantes (aptidões requeridas do aprendiz para produção). Os autores reforçam, contudo, que a avaliação de tais propostas depende indispensavelmente da validade didática de sua aplicação.

Como vimos, as diferentes perspectivas teóricas de abordagem do tema dos gêneros convergem para a premissa básica de que não se trata de categorias rígidas ou estanques, mas de entidades dinâmicas e plásticas, passíveis de se misturar e incorporar formas e funções umas das outras em virtude de motivações pragmáticas. Não por acaso Bakhtin afirmou que "a língua penetra na vida através dos enunciados concretos que a realizam e é também a partir dos enunciados concretos que a vida penetra na língua" (1994: 282). Na seção a seguir, retomaremos, então, alguns conceitos articulados à noção de gênero, a fim de refletir um pouco mais sobre essa vida que pulsa virtualmente em seu interior e emana, obviamente, dos sujeitos que a materializam em textos.

LIMITES EXTERNOS E INTERNOS DOS GÊNEROS: TIPO TEXTUAL, DOMÍNIO DISCURSIVO E SUPORTE

A definição de "tipo textual" é dada por Marcuschi (2002, 2008) em referência a sequências de natureza composicional dos textos, considerando-se aspectos lexicais, sintáticos, tempos verbais, relações lógicas e estilo subjacentes aos gêneros. Conforme o autor, trata-se de "modos textuais", e não de textos materializados, os quais se resumem em cinco espécies de classes formais: *descrição*, *narração*, *argumentação*, *exposição* e *injunção*.

Marcuschi ressalta que, diferente dos gêneros textuais, que podem ser inúmeros e variáveis, os tipos textuais se enquadram em uma lista fechada sem tendência a aumentar. Além disso, fica bem claro na descrição do autor que, enquanto os gêneros são definidos levando-se em conta critérios de ação prática, circulação, funcionalidade, conteúdo temático, estilo e composicionalidade, os tipos textuais são constructos teóricos cuja identificação é feita a partir de propriedades linguísticas.

Sendo assim, os gêneros se realizam por meio dessas sequências formais, não sendo raro que, em um mesmo gênero, estejam presentes várias delas. Sempre haverá, contudo, predominância de uma dessas sequências sobre as demais. Pensemos no exemplo de um romance em cuja estrutura predominantemente narrativa podemos encontrar a descrição do cenário ou de personagens, como no excerto a seguir, de Pedro Bandeira:

> Os Karas tinham passado todo o dia anterior investigando secretamente, e a polícia também tinha feito a sua parte. Por todos os lados, policiais fardados e à paisana espalhavam-se como se o Elite estivesse para ser atacado por um exército. Agora Miguel estava ali, na sala do professor Cardoso, *o diretor do Colégio Elite. Um homem importante. Nacionalmente, ou melhor, mundialmente respeitado como o criador de uma experiência educacional avançadíssima, o Colégio Elite.* (Bandeira, 2009: 19; grifos nossos)

Marcuschi (2002, 2008) designa *heterogeneidade tipológica* essa variação frequente de tipos textuais em mesmo gênero.

O autor também diferencia da noção de gênero e de tipo textual a de *domínio discursivo*, que se aproxima do que Bakhtin denominou "esfera de atividade humana". Os domínios seriam, então,

> [...] práticas discursivas cotidianas nas quais podemos identificar um conjunto de gêneros textuais que às vezes lhe são próprios ou específicos como rotinas comunicativas institucionalizadas e instauradoras de relações de poder. (Marcuschi, 2008: 155)

No dizer de Marcuschi (2008: 158), um domínio discursivo não são textos especificamente, mas "formações históricas e sociais que originam os discursos", tais como: o domínio discursivo jurídico, jornalístico, religioso etc.

Circulando em inúmeros domínios discursivos existentes na sociedade e motivados por diferentes intenções dos sujeitos, os gêneros discursivos dão testemunho de sua plasticidade e dinamicidade através de sua possível hibridização, subvertendo o modelo global de um único gênero e assumindo formas e/ou funções de outro. A essa possibilidade dos gêneros de se misturarem, Marcuschi denominou *intergenericidade* – um gênero com a forma ou função do outro –, que não deve ser confundida com a *heterogeneidade tipológica* – um gênero com a presença de vários tipos textuais (Marcuschi, 2008: 167). Vejamos um caso de intergenericidade no Exemplo 1 a seguir.

Exemplo 1

O MINISTÉRIO DA SAÚDE ADVERTE

Um mês sem Ministro da Saúde, em plena pandemia, pode causar a sensação de que o combate à Covid-19 não é prioridade e o risco de dependência de um milagre para sairmos dessa o mais rápido possível.

Fonte: Brum, *Humor Político*, 15 jun. 2020, disponível em <https://www.humorpolitico.com.br/rodrigo/charge-da-tribuna-do-norte-10/>, acesso em 16 out. 2020.

O texto do Exemplo 1 foi construído sob a forma de uma advertência, gênero que, segundo Mari e Silveira (2004: 68), é marcado por uma força ilocucional específica, no sentido de alertar o interlocutor sobre algo perigoso ou lesivo, que poderá incorrer em ações futuras. Após algumas propagandas televisivas de medicamentos, por exemplo, são exibidos textos do tipo, marcados por enunciados como: "Ao persistirem os sintomas, o médico deverá ser consultado" ou "Este medicamento é contraindicado em caso de suspeita de dengue". A composição linguística do exemplo citado evoca uma construção tipológica injuntiva típica das advertências, como vemos no enunciado "O Ministério da Saúde adverte", que remete diretamente ao leitor, buscando orientar seu comportamento. Além disso, também o aspecto visual do texto assimila a configuração típica das advertências oficiais do Ministério da Saúde brasileiro.

Contudo, a função do texto disposto no Exemplo 1 não é exatamente advertir o leitor sobre algo que ele possa fazer e que poderá lhe trazer consequências negativas, mas, como é típico das charges, expor uma opinião sobre um fato noticiado nos jornais: a ausência de um representante no Ministério da Saúde há um mês em plena

A **pandemia de covid-19** é uma doença respiratória aguda causada pelo coronavírus, identificada pela primeira vez em Wuhan, na província de Hubei, República Popular da China, em 1º de dezembro de 2019. Em 11 de março de 2020, a Organização Mundial da Saúde declarou o surto de uma pandemia. Até 20 de outubro de 2020, mais de 40 milhões de casos da doença foram confirmados no mundo inteiro, com mais de um milhão de óbitos reportados. Dados disponíveis em: <https://www.paho.org/pt/covid19>. Acesso em: 21 out. de 2020.

pandemia de covid-19. O diagrama a seguir, adaptado de Marcuschi (2008), ilustra como se dá a intergenericidade entre os gêneros charge e advertência, presente no Exemplo 1.

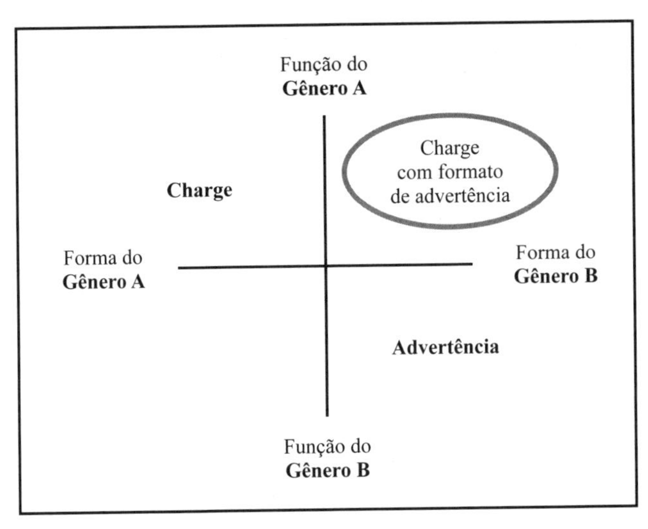

Fonte: Adaptado de Marcuschi (2008: 166).

O gráfico adaptado de Marcuschi (2008) nos mostra os gêneros de base para a formação do gênero híbrido em um entrecruzamento de formas e funções. No quadrante superior esquerdo, está o gênero A, charge, com sua forma – geralmente um único quadro, que retrata um fato contemporâneo dos leitores por meio de desenhos – e função – expor a opinião crítica do chargista, a fim de promover efeitos de humor, ironia ou crítica social. Igualmente, no quadrante inferior direito, indica-se o gênero B, advertência, cuja forma e função foram comentados anteriormente. No ponto de intersecção entre a função da charge e a forma da advertência, está o novo gênero, que rompe, mas ao mesmo tempo recria os limites entre os dois gêneros de base.

Vale ressaltar que, se pensarmos na enorme variedade de gêneros discursivos existentes e na emergência de tantos outros à medida que a sociedade evolui em seus meios comunicativos, salta aos olhos a riqueza e a produtividade discursiva propiciada pela intergenericidade.

Vejamos agora a questão suporte dos gêneros textuais, definidos por Marcuschi (2008: 174), como "*locus* físico ou virtual com formato específico que serve de base ou ambiente de fixação do gênero materializado em texto". O autor defende que o suporte não é neutro e indiferente em relação aos gêneros, pelo contrário: é indispensável à sua circulação e fixação, estabelecendo uma relação de coemergência tão estrita com os gêneros a ponto de, por vezes, ser determinante para sua denominação. Nesse sentido, Marcuschi cita o seguinte exemplo:

> *Paulo, te amo, me ligue o mais rápido que puder.*
> *Te espero no fone 55 44 33 22. Verônica.*

Se escrita em papel e deixada sobre uma mesa, a mensagem citada poderia ser um *bilhete*; se gravada e emitida por uma secretária eletrônica (e poderíamos acrescentar aqui a caixa postal disponibilizada pelas operadoras de telefonia celular), seria um *recado*; se transmitida pelos Correios em formulário próprio, poderia ser um *telegrama*. Vejamos, pois, que o suporte é decisivo para a identificação do gênero textual nesse caso.

Também Maingueneau (2008), em capítulo dedicado ao tema, ressalta que analisar o mídium de um gênero de discurso não é considerar um simples "meio" de transporte de uma mensagem estável; mas descrever um dispositivo comunicacional que o integra e que "imprime um certo aspecto a seus conteúdos e comanda os usos que dele podemos fazer". Sendo o modo de transporte e recepção dos enunciados, o suporte condiciona a constituição do texto e modela o gênero a que pertence, incidindo diretamente sobre a memorização deste último enquanto prática discursiva. Além disso, afirma Maingueneau, o mídium tem muito a dizer a respeito de como se dão as relações comunicativas numa sociedade:

> Muitas mutações sociais se manifestam por meio de um simples deslocamento "midiológico" (= relativo ao mídium): quando casais em dificuldade discutem em um *talk-show* na televisão, em vez de se expressarem no consultório de um psicólogo, não se trata apenas de uma simples troca de lugares e de canal; toda uma transformação da sociedade aí se encontra implicada. Uma sociedade, repetimos, não se distingue das formas de comunicação que ela torna possíveis e que a tornam possível. (Maingueneau, 2008: 72)

Marcuschi diferencia, ainda, os *suportes convencionais*, que teriam sido elaborados especificamente a fim de portarem ou fixarem textos, como o livro, o jornal ou a televisão; e os *suportes incidentais*, que operam como tal apenas de maneira eventual e limitada – e não sistemática e regularmente, como é o caso dos anteriores –, a exemplo de embalagens, roupas e o próprio corpo humano.

Além das duas categorias citadas, Marcuschi também descreve alguns casos que não devem ser vistos como suportes, mas como "serviços em função da atividade comunicativa", os quais podem, por vezes, suportar ao mesmo tempo vários gêneros e até outros suportes, como: correio, e-mail, mala direta, internet, homepage e site (Marcuschi, 2008: 185-6).

A propósito do suporte, é interessante citar duas situações que envolvem a obra do cartunista carioca Carlos Latuff. A primeira diz respeito à tatuagem de peças do chargista no corpo de seguidores, a exemplo de uma charge publicada em 2003, em que figura a imagem de Cristo crucificado, coberto com a bandeira LGBT.[2] A outra situação, que não raro se repete, é a presença das charges do artista em cartazes de protesto em manifestações nacionais e internacionais, como a ocorrida em janeiro de 2020, em Calcutá, na Índia, contra medidas do primeiro-ministro Narendra Modi.[3] São duas ocorrências que favorecem a reflexão sobre o deslocamento e a potencialidade das funções e dos sentidos dessas charges em razão de sua reenunciação em novos suportes e por parte de outros sujeitos.

Convencionais, incidentais ou apenas serviços ligados à comunicação, os suportes são indispensáveis à compreensão dos gêneros discursivos na medida em que, além de representar sua viabilidade material, participam de sua enunciação, contendo-os, mostrando-os e fixando-os. Por outro lado, Marcuschi defende certa autonomia para os gêneros, levantando a hipótese de que têm preferências e podem, portanto, desenvolver nichos ou ambientes de realização mais adequados para se fixarem ou circularem. Obviamente, essa autonomia é produto de um projeto de fala dos sujeitos, que encontram, na enorme diversidade de gêneros discursivos, possibilidades infinitas de se relacionar com o outro sob as mais diversas pretensões, respeitando os modelos de formas e funções convencionalmente aceitos para esses gêneros, ou mesclando-os a fim de potencializar os efeitos de sentido de seu discurso, como vimos.

A PROPOSTA SEMIOLINGUÍSTICA

Respondendo à pergunta "como conceber um gênero?", Maingueneau (2008) ressalta que não se trata de formas predeterminadas à disposição do locutor, que ajusta seu enunciado em função deles; na realidade, diz o autor, como atividades sociais, assim como os atos de linguagem, os gêneros do discurso se submetem a condições de êxito. Tais condições, segundo o autor, constituem-se de uma finalidade reconhecida, do estatuto dos parceiros, do lugar e do momento constitutivos, de um suporte material e de uma organização textual. Isso significa que a matéria linguística em si deve ser analisada em última instância, em favor da análise dos elementos constitutivos do ato de linguagem como um todo. É essa também a visão do professor e analista do discurso francês, Patrick Charaudeau, que serve de norte a este estudo justamente por se preocupar com a integração dos aspectos situacionais, discursivos e linguísticos para entender os gêneros discursivos.

A abordagem proposta por Charaudeau para a análise dos gêneros pode ser encontrada principalmente no artigo traduzido "Visadas discursivas, gêneros situacionais e construção textual" (2004a). O autor parte de uma reflexão sobre a constituição das comunidades humanas dentro de um processo que depende de uma construção coletiva de sentidos, formas e comportamentos registrados em três memórias: *uma memória dos discursos*, na qual se inscrevem modos de organização discursivos e saberes de conhecimento e crença sobre o mundo; *uma memória das situações de comunicação*, em que são armazenados dispositivos que normatizam as trocas comunicativas e definem um conjunto de condições psicossociais para sua realização; e *uma memória das formas de signos*, registrados como maneiras de dizer no conjunto de um sistema que serve de diferentes maneiras ao uso.

"Aceitar que existem gêneros é reconhecer que a produção linguageira é submetida a restrições", afirma Charaudeau (2004a: 19) e propõe, nesse sentido, um modelo de análise semiodiscursivo dos gêneros, no qual se articulam situações, sentidos e formas. Nesse viés, o sujeito é visto como portador de uma intencionalidade que o posiciona face às liberdades e restrições da linguagem e lhe permite circular socialmente nos espaços comunicativos:

> Podemos, então, sustentar a ideia de que o sujeito social se dota de gêneros empíricos, e que, por meio de representações que ele se constrói deles pela aprendizagem e pela experiência, ele os erige em normas de conformidade linguageira e os associa aos lugares de prática social mais ou menos institucionalizados. (Charaudeau, 2004a: 21)

De acordo com a noção de **competência linguageira**, Charaudeau (2008a) postulou a existência de um conjunto de procedimentos de colocação em cena do ato de comunicação – os modos de organização do discurso –, que se põem em funcionamento no nível discursivo daquela competência. Tais procedimentos, que se aproximam dos tipos textuais descritos por Marcuschi (2002, 2008), correspondem, nessa vertente teórica, a finalidades discursivas de cada ato de comunicação, representadas por quatro modos de organização do discurso: o *descritivo*, o *narrativo*, o *argumentativo e* o *enunciativo*. Este último, que representa uma especificidade da Teoria Semiolinguística, tem a função particular de comandar os outros três modos, orientando-os com base em três comportamentos discursivos, acionados mediante a posição do locutor com relação ao interlocutor, a si mesmo e ao que diz (**modo enunciativo de organização do discurso**).

A **competência linguageira** diz respeito à aptidão para dominar as regras de uso da língua, tendo em vista vários componentes necessários à encenação da linguagem na vida social. Charaudeau (2009) subdivide a competência linguageira, portanto, em níveis, que correspondem, cada um, a um certo tipo de saber: a *competência situacional*, que exige do sujeito saberes associados aos elementos constitutivos da situação comunicativa (identidades, finalidade, o propósito e as circunstâncias materiais da troca); a *competência discursiva*, que corresponde aos procedimentos de encenação e organização do discurso; a *competência semântica*, que pressupõe a manipulação adequada de saberes supostamente partilhados; e a *competência semiolinguística*, que atua sobre as formas dos signos, suas combinações e seus sentidos.

Para um detalhamento sobre **o modo enunciativo de organização do discurso**, recomendamos a leitura do capítulo "Os modos de organização do discurso" deste livro.

No enquadre teórico semiolinguístico, portanto, a análise dos gêneros discursivos deve se apoiar na determinação de níveis de organização do fato linguageiro, isto é, em uma teoria do discurso na qual se evidenciem os *princípios gerais* sobre os quais ele se funda e também os *mecanismos* que o colocam em funcionamento. Os princípios fundadores da atividade linguageira são: o *princípio da interação/alteridade*, ligado ao processo contratual de reconhecimento e legitimação do outro; o *princípio da pertinência*, voltado para o reconhecimento dos saberes partilhados pelos sujeitos; o *princípio de influência*, centrado na finalidade intencional do ato de linguagem; e o *princípio da regulação*, relacionado às estratégias para ajuste ou calibragem do jogo de influências a fim de garantir a intercompreensão mínima dos parceiros (Charaudeau, 2005: 15-6).

Nesse primeiro nível de análise dos gêneros, no qual se identificam os princípios gerais de funcionamento do discurso, Charaudeau (2004a) dá destaque ao princípio de influência, pois dá origem às *visadas enunciativas* – atitudes que determinam a orientação do ato de linguagem como ato de comunicação em função da relação que o sujeito falante quer instaurar com seu destinatário (prescrição, solicitação, incitação etc.). Assim, as visadas garantem que a configuração de um gênero discursivo vá ao encontro de uma finalidade comunicativa (**intencionalidade**).

A propósito da **intencionalidade** discursiva e do conceito de visadas, ver o capítulo "Uma gramática da expressão e do sentido" deste livro.

O segundo nível – o dos mecanismos de funcionamento discursivo – compreende dois subníveis articulados entre si: o nível da *situação de comunicação* e o nível da *discursivização*. O primeiro, que deve dar início à análise do discurso, é o lugar onde se determinam, em seu conjunto, as restrições da expectativa de troca (*enjeu*), provenientes das circunstâncias de discurso de modo geral (identidades, lugar da troca, finalidade, **propósito** e circunstâncias materiais). O nível da discursivização é o lugar onde se instituem restrições formais e discursivas relacionadas às maneiras de dizer, isto é, no âmbito das atividades de ordenamento do discurso ou modos de organização (restrições discursivas), ou no âmbito do emprego obrigatório de maneiras de dizer identificadas em todo texto que corresponde à mesma situação (restrições formais). Charaudeau defende, então, que:

No quadro da Teoria Semiolinguística, o **propósito** diz respeito ao objeto temático desenvolvido na troca comunicativa.

> A situação de comunicação é, assim, o que determina através das características de seus componentes, as condições de produção e de reconhecimento dos atos de comunicação, condições de enunciação sob seu aspecto externo. Por conseguinte, ela estrutura o domínio da prática – que é sociologicamente vasto – em domínio de comunicação. (Charaudeau, 2004a: 26)

Articulando os dois níveis anteriormente descritos, Charaudeau propõe o levantamento das restrições que delineiam os gêneros do discurso, a começar pelo reconhecimento do contrato e das visadas discursivas que emergem da situação de comunicação. São esses os elementos determinantes da finalidade, da identidade dos participantes, do propósito comunicativo e das circunstâncias materiais da troca, configurando-se como dados externos ao ato de comunicação ou *restrições situacionais*. Esses dados respondem à questão "estamos aqui para dizer o quê?", produzindo instruções que encontrarão correspondência na resposta a "como dizer?", operada no nível dos mecanismos de funcionamento.

A título de ilustração, pensemos na composição de uma peça publicitária do Grupo Pão de Açúcar, elaborada pela agência BETC/Havas e divulgada nas redes sociais da empresa por ocasião da Páscoa do ano de 2020.[4] Explorando a situação de isolamento social decorrente da pandemia do novo coronavírus, a parcela não verbal do texto nos apresenta uma cena semelhante a uma chamada de vídeo pelo celular, em que se conectam três interlocutores alegres e sorridentes, cada um em sua casa, dois deles exibindo pratos culinários. A parte verbal do texto, destacada em primeiro plano, traz o enunciado "Junte todo mundo. *Na chamada de vídeo* cabe mais gente que na mesa", com grifos do(s) autor(es).

No que diz respeito às restrições situacionais de um anúncio publicitário, estamos diante de um contrato comunicativo cuja finalidade básica corresponde a uma visada de *incitação*, que tem como alvo levar o interlocutor a *fazer fazer*, isto é, fazer consumir um produto ou ideia em foco – no caso, produtos anunciados pelo Grupo Pão de Açúcar. Diante desse dado contratual, a identidade dos participantes se define por um Eu assumido pela agência de publicidade, que fala em nome da marca Pão de Açúcar, e um Tu que corresponde ao consumidor em potencial. O propósito do texto é o sonho de bem-estar do indivíduo, manifesto aqui pela possibilidade de reunião da família por ocasião da Páscoa, ainda que o contexto seja de quarentena em virtude da pandemia de covid-19. Finalmente, as circunstâncias que materializam o texto se revelam em sua configuração como pequenos cartazes digitais, lançados nas redes sociais da empresa.

Avançando para a observação da configuração do discurso, as *restrições discursivas* correspondem a um conjunto de comportamentos possíveis entre os quais o sujeito comunicante escolhe os que satisfazem às condições dos dados externos. No intermédio entre os dados situacionais e a configuração textual, as restrições discursivas se realizam essencialmente por meio dos modos de organização do discurso adequados, que correspondem aos dados externos impostos pela situação e pelo contrato. Esses modos são, portanto, de natureza enunciva (modo descritivo, narrativo ou argumentativo), enunciativa (modo alocutivo, elocutivo ou delocutivo), temática (ligada aos temas e

Para saber mais sobre o ato de linguagem como encenação (***mise-en-scène***), bem como sobre a noção de contrato comunicativo, consultar o capítulo "A Semiolinguística vai para a escola" deste livro.

subtemas do propósito) e também semiológica (ligada à ***mise-en-scène*** verbal e/ou visual do texto) (Charaudeau, 2004a: 27).

Voltando ao anúncio referido, é importante considerar tanto a parcela verbal quanto a visual do texto a fim de observar suas restrições discursivas. Em consonância com a visada de incitação, a mensagem verbal se estrutura em torno do modo argumentativo do discurso, cuja tese implícita parece sustentar a ideia de que "mesmo em isolamento social, é possível reunir até mais a família na Páscoa". O modo descritivo fundamenta uma qualificação subjetiva do mundo projetado pelo enunciador, em que as pessoas estão, supostamente, em casa, mas felizes e conectadas, graças ao elo possível dos produtos oferecidos por Pão de Açúcar. A construção enunciativa verbo-visual revela, ainda, um comportamento alocutivo, no qual o interlocutor é instado diretamente, bem como o propósito temático se organiza de forma análoga à configuração das redes sociais, simulando o *layout* do próprio celular – provável suporte de visualização do anúncio pelos leitores.

No nível mais superficial e concreto do texto, por sua vez, as restrições situacionais (via restrições discursivas) incidem sobre as formas, submetidas a normas de uso mais ou menos codificado, mas cujas expressões estão sujeitas a variação. Trata-se da fixação de "maneiras de dizer" que dependem da situação de comunicação e expressam o que Charaudeau chama de *restrições formais*. No âmbito de tais restrições, são definidas a *mise-en-scène* textual, ou a disposição do paratexto; a composição textual interna, que diz respeito a partes do texto e sua interligação; a fraseologia, que integra o emprego de locuções, fórmulas e outras expressões fixas; e a construção gramatical, que corresponde a todo tipo de articulação referente ao aparelho formal da enunciação.

As restrições formais do anúncio em análise são delineadas tendo em vista sua exibição no universo hipertextual das redes sociais Instagram, Facebook e YouTube. Esse dado paratextual incide sobre a composição do texto em uma peça única, com imagens predominantes, além de um enunciado verbal breve em primeiro plano. Quanto à fraseologia, a mensagem é composta por um período simples ("Junte todo mundo") seguido de um período composto comparativo ("*Na chamada de vídeo* cabe mais gente que na mesa"), que se unem em uma relação implícita de causalidade que poderia ser preenchida linguisticamente pelo conectivo "porque". No que tange aos aspectos gramaticais, o verbo no imperativo ("junte") materializa o comportamento enunciativo alocutivo, configurando a visada de incitação típica do contrato da publicidade. O posicionamento e o destaque tipográfico dados ao sintagma "na chamada de vídeo", bem como a construção comparativa que o opõe ao sintagma "na mesa" reforçam, portanto, o contraste entre a Páscoa presencial dos anos anteriores e a Páscoa no "novo normal" inaugurado pela pandemia, que ainda conta com Pão de Açúcar para garantir o almoço tradicional, mesmo que cada membro da família esteja na própria casa. Finalmente, na dimensão do arranjo visual, é importante destacar a exploração da cor verde e dos *layouts* das redes sociais, que, criando a atmosfera de uma videochamada pelo celular, fazem coro com a ideia de que é possível juntar "todo mundo" por meio das tecnologias digitais – tecnologias que também dão acesso direto aos produtos Pão de Açúcar.

Em resumo, a proposta de Charaudeau (2004a) – ilustrada no gráfico a seguir – é uma tipologia fundada sobre o dispositivo gênero como materialidade da *mise-en-scène*, ou encenação discursiva, e sobre os diferentes procedimentos utilizados para construir tal encenação por meio da linguagem. Com esse olhar, o texto é concebido como o "resultado de um ato de linguagem produzido por um sujeito dado e em uma situação de troca social dada" (Charaudeau, 2004a: 29) e, para classificá-lo em relação a um gênero, é necessário identificar seus pontos comuns tendo em vista os três aspectos abordados: as restrições situacionais, verificando os componentes do contrato situacional e questionando as visadas nas quais aparecem os textos; as restrições discursivas, identificando as categorias do discurso e os modos discursivos em jogo; e as restrições formais, identificando diferentes aspectos da organização formal do texto, isto é, regularidades mais ou menos marcadas e sistemáticas, em função das restrições situacionais e discursivas.

Fonte: Gráfico baseado em Charaudeau (2008a: 52).

Convém destacar que os termos *gênero textual* e *subgênero* são aceitos pela Semiolinguística no sentido de designar o conjunto de textos reunidos em nome de um mesmo contrato, o que os torna um mesmo "tipo de texto" com suas possíveis variantes. Charaudeau (1992: 646) apresenta um quadro no qual exemplifica como tipos de texto o publicitário, o jornalístico e o informativo, entre outros. Como subcategorias desses tipos, o autor menciona, por exemplo, os cartazes de rua e as revistas, que estariam no bojo dos textos do tipo publicitário; e também o editorial e a reportagem, integrantes do tipo jornalístico.

Para Charaudeau (2004a), não é difícil compreender as variantes de um gênero, tampouco as transgressões de seus modelos – a intergenericidade, descrita por Marcuschi – se levarmos em conta que se dão sempre em determinado aspecto de um dos níveis de organização do fato linguageiro: as formas, as restrições discursivas ou os dados situacionais. Vejamos, nas palavras do autor, um exemplo:

> No contrato de formação midiática se constituem subcontratos específicos, seja no nível das restrições materiais (escripturalidade da imprensa, oralidade do rádio, audiovisualidade da televisão), seja no nível das restrições discursivas (relatar o acontecimento, comentar o acontecimento), seja no nível da organização formal (anunciar a notícia pelo título, dividir as notícias em rubricas). Por exemplo, no contrato do debate televisivo (que é, ele próprio, um subconjunto do conjunto de informação midiática), encontramos as variantes: o *talk show*, o debate cultural, o debate político. (Charaudeau, 2004a: 35)

A complexidade e a dificuldade no reconhecimento de alguns gêneros também foram previstas por Charaudeau. Contudo, o autor ressalta a validade do modelo analítico que propõe pelo mérito de mostrar "os porquês" da análise a partir da elucidação dos jogos combinatórios de dados dos três níveis de estruturação dos gêneros e de seus respectivos contratos. Uma vez mais, convém enfatizar que, na perspectiva semiolinguística, dado o tratamento globalizado dos textos e centrado em seus aspectos discursivos, os gêneros são considerados "situacionais", tendo em vista a total dependência das condições de produção e das cláusulas contratuais que se impõem aos interlocutores no momento de sua encenação.

DA TEORIA PARA A SALA DE AULA

O capítulo "Subsídios para uma prática pedagógica centrada na Semiolinguística" deste livro apresenta um exame dos documentos curriculares oficiais brasileiros, a propósito da relação entre a Semiolinguística e o ensino.

Na apresentação da obra de Dolz e Schneuwly citada neste capítulo (2004), as professoras Roxane Rojo e Glaís Cordeiro salientam que, desde a década de 1980, o *texto* representou a base do ensino de Língua Portuguesa no ensino fundamental no Brasil, com foco no desenvolvimento de estratégias e habilidades de leitura e produção. Ao longo desse tempo, a forma global dos textos, seus tipos e propriedades estruturais passaram a ser referenciados em atividades didáticas, o que representou um deslocamento do eixo de ensino-aprendizagem de uma preocupação normativa para uma preocupação procedimental, em que os usos da língua passaram a ser mais valorizados.

Entretanto, segundo as autoras, a abordagem do objeto texto, entendido, de maneira ampla, como materialização da linguagem, acabou gerando alguns problemas, entre eles, o fato de que a seleção dos exemplares, voltada para textos escritos canônicos, não raras vezes funcionou como pretexto para o desenvolvimento apenas da análise gramatical. Além disso, a generalização das propriedades de grandes conjuntos de textos acabou abstraindo suas propriedades intrínsecas bem como suas condições de produção e circulação. O resultado disso foi o progresso de propostas de leitura centradas na extração de informações em detrimento de estímulos interpretativos, reflexivos e críticos, e propostas de produção direcionadas pelas formas e conteúdos e descoladas do contexto e da finalidade dos textos.

Conforme Rojo e Cordeiro, o perfil incipiente dos estudantes habituados a tais práticas de ensino acabou por gerar uma "virada discursiva ou enunciativa" no enfoque dos textos e de seus usos na sala de aula, que trouxe para a cena o conceito de gêneros (discursivos ou textuais). Por conseguinte, os Parâmetros Curriculares Nacionais, sem deixar de lado o texto como unidade de trabalho, legitimaram os gêneros como objeto de ensino, definindo-os como "formas relativamente estáveis de enunciados" que dão corpo aos textos, caracterizadas por "restrições de natureza temática, composicional e estilística" (Brasil, 1997: 23), em clara menção aos pressupostos bakhtinianos. O foco agora passa às condições de produção e circulação dos textos escritos e orais, o que representou grande avanço para o ensino de língua materna.

Mais de duas décadas depois, a Base Nacional Comum Curricular para o ensino fundamental, vigente a partir de 2018, endossa a importância dos gêneros discursivos desde as primeiras etapas de escolaridade, a exemplo do que se lê na síntese das aprendizagens da educação infantil: "conhecer diferentes gêneros e portadores textuais, demonstrando compreensão da função social da escrita e reconhecendo a leitura como fonte de prazer e informação" (Brasil, 2018: 55). Nesse sentido, na seção referente tanto à área de Linguagens do ensino fundamental quanto ao componente de Língua Portuguesa, o documento preceitua:

> Na esteira do que foi proposto nos Parâmetros Curriculares Nacionais, o *texto* ganha centralidade na definição dos conteúdos, habilidades e objetivos, considerado a partir de seu pertencimento a um *gênero discursivo* que circula em diferentes esferas/campos sociais de atividade/comunicação/uso da linguagem. Os conhecimentos sobre os gêneros, sobre os textos, sobre a língua, sobre a norma padrão, sobre as diferentes linguagens (semioses) devem ser mobilizados em favor do desenvolvimento das capacidades de leitura, produção e tratamento das linguagens, que, por sua vez, devem estar a serviço da ampliação das possibilidades de participação em práticas de diferentes esferas/campos de atividades humanas. (Brasil, 2018: 67; grifos nossos)

Diante desse quadro, retomar a reflexão sobre os gêneros discursivos é tarefa sempre relevante, ainda que não seja simples. Na discussão oportunizada neste espaço, buscamos enfrentar essa questão tão fundamental para nós, que atuamos na sala de aula, com o auxílio do aparato teórico da Semiolinguística, que se pretende, na verdade, uma teoria de interseções entre diversos pontos de vista e áreas do conhecimento a fim de dar conta, de forma mais coerente, da complexidade do próprio objeto de estudo, o discurso. A análise do fato linguageiro em níveis proposta por Charaudeau – sempre apoiada, convém lembrar, no viés material e linguístico do texto – dá conta de mostrar a importância dessa articulação, agregando coerência ao trabalho do professor-analista e se desviando tanto das interpretações excessivamente ideológicas dos textos quanto da marcação puramente formal de suas características.

Conforme nos ensina Charaudeau (2004a), todo o conjunto de recursos linguísticos e imagéticos aplicado à construção de um texto deve ser somado à observação dos dados situacionais, contratuais e discursivos, a fim de sustentar a produção/percepção/análise de efeitos de sentido diversos em seu discurso.

Esse olhar que começa "de fora para dentro" do ato de linguagem justifica a denominação dos gêneros discursivos como situacionais, porque salienta que são os espaços externos e implícitos à linguagem que comandam a semiotização do mundo e "enformam" o dizer da maneira como o encontramos nos textos.

Com esse percurso em mente, propomos uma atividade com o texto disposto no Exemplo 2, aplicável a alunos das séries finais do ensino fundamental.

Exemplo 2

Fonte: Quinho, *Estado de Minas*, 24/04/2020, disponível em <https://www.chargeonline.com.br/>, acesso em 20 out. 2020.

Sendo o texto uma charge e considerando seu nível situacional, devemos lembrar que estamos diante de um contrato comunicativo midiático, cujas visadas enunciativas se configuram em torno de uma finalidade básica de *informar* e, ao mesmo tempo, *captar* o leitor por meio da emissão de uma opinião crítica. Assim, o reconhecimento da relação entre o texto e o noticiário contemporâneo é condição indispensável para sua interpretação. Nesse sentido, questionamentos que levem o aluno a buscar dados sobre as circunstâncias de publicação da charge (seu enunciador, o veículo de publicação, a data) estarão voltados para esse reconhecimento mais externo, que fornecerá diretrizes que, direta ou indiretamente, incidirão sobre sua estrutura. As seguintes questões em torno do texto poderiam favorecer a identificação dos dados situacionais do Exemplo 2:

1. O texto lido é uma ***charge***, um tipo de ilustração gráfica que costuma ser publicado nos jornais impressos ou digitais, mas que também está presente nas redes sociais atualmente. Em que veículo o texto foi publicado?
2. Sendo geralmente publicada nos jornais, as charges fazem referência a acontecimentos contemporâneos. O texto de Quinho foi publicado em abril de 2020, quando o Brasil e o mundo enfrentavam a pandemia de covid-19. De que maneira a caracterização dos personagens e do cenário apontam para esse acontecimento?

No nível discursivo, é importante levar em conta a elaboração verbo-visual com apelo argumentativo, descritivo e/ou narrativo. Embora as charges sejam textos bastante sintéticos, isso pode ser explorado com os estudantes na observação atenta da configuração multimodal, que nos leva à conclusão de que o enunciador nos descreve visualmente uma situação recorrente nas grandes cidades à época da pandemia, na ocasião da abertura do comércio, após um mês de isolamento social mais restrito. É importante chamar a atenção para os objetos adquiridos pelos personagens, que evocam saberes de crença sobre o universo fúnebre, construindo uma camada semântica importante para a compreensão da mensagem do chargista. Essa construção estabelece um contraste entre a atmosfera bastante despreocupada e alegre de se fazer compras, revelada na cena, contribuindo para promover informações implícitas sobre as relações de consumo e a questão da economia em tempos de pandemia. Assim, poderíamos formular perguntas como as seguintes, com foco no aspecto discursivo do texto:

3. Observe a relação entre a legenda da charge – "ÀS COMPRAS" – e as imagens:
   a. O que os personagens estão comprando?
   b. Com base no contexto de publicação da charge, levante hipóteses que justifiquem a escolha desses produtos pelos personagens.
   c. Observe a expressão dos rostos. Aponte pelo menos dois adjetivos que caracterizem como os personagens parecem se sentir.
   d. Você acha que a expressão facial parece adequada aos objetos que os personagens estão adquirindo? Explique sua resposta citando elementos do texto.

Por fim, no nível formal da charge, o foco deve ser ajustado para as relações mais superficiais do texto, em que se mostram os arranjos sígnicos mais pontuais, o que, mais uma vez, põe em relevo a mistura entre palavra e imagem, típica dos quadrinhos. A peça em tela explora, de forma mais significativa, a linguagem não verbal, expressa, além dos desenhos, pelas cores. Seria interessante, então, levar os alunos a observar, no original a cores disponível por meio do link, o contraste cromático simbólico entre as pessoas, preenchidas todas principalmente por tons quentes de laranja, e os objetos que elas estão adquirindo, coloridos em azul – uma cor fria portanto, associada à ideia da morte, que esses objetos evocam. Além do mais, a expressão adverbial presente na legenda da charge ("Às compras"), que sustenta verbalmente o aspecto descritivo da cena, também permite pensar os sentidos da escolha do termo adverbial, que promove uma relação de causalidade em curso, e não substantivo, o que dispensaria a crase e daria destaque apenas aos objetos. Nesse sentido, poderíamos solicitar aos estudantes o seguinte:

4. Observe que, na charge, o cartunista escolheu apenas duas cores básicas para preencher os desenhos.
   a. Nas aulas de artes, aprendemos que as cores podem apresentar uma "temperatura" quente ou fria. Que cores foram utilizadas pelo chargista para colorir os personagens e os produtos que estão adquirindo? Elas são quentes ou frias?
   b. Considerando o tipo de objetos que as pessoas estão comprando na charge, você acha que a temperatura da cor escolhida pelo cartunista para preenchê-los foi proposital? Explique sua resposta.
5. A mensagem verbal da charge se restringe à legenda "ÀS COMPRAS", que, em razão da crase, se configura como uma locução adverbial.
   a. O que significa a expressão "às compras" em relação à imagem da charge?
   b. Na ausência da crase, o que mudaria no sentido dessa expressão em relação ao texto?

Como esperamos ter demonstrado, os direcionamentos sugeridos para a leitura da charge do Exemplo 2 estão ancorados nos diferentes níveis de construção do gênero discursivo em questão e procuram ressaltar que a materialidade mais superficial do texto – outrora privilegiada em algumas abordagens – só tem razão de ser se forem levados em conta os aspectos contextuais da sua enunciação para a compreensão de seus sentidos. Como propõe Charaudeau (2004a: 39), trabalhar pedagogicamente com os gêneros sob esse prisma tem o objetivo de "tornar o aprendiz consciente da maneira cuja escolha das formas está ligada à percepção que temos das constantes situacionais, seja para respeitá-las, seja para jogar com elas com fins estratégicos".

Nesse sentido, convém finalizar este capítulo, aproveitando uma última lição de Bakhtin (1994: 303-4), que nos relembra que não é raro que alguém que domine perfeitamente os gêneros de determinada esfera de comunicação bastante complexa, como a científica, não saiba se portar em uma simples conversa social. Segundo o autor, o problema não está na pobreza do vocabulário ou do estilo, mas na inexperiência com o repertório de gêneros de outra esfera comunicativa, que exige habilidades e prontidão de natureza enunciativa, da ordem da irrepetibilidade do discurso, que só se aprende na interação social concreta.

A situação citada por Bakhtin é comum em nossas salas de aula, guardadas as proporções em relação aos aprendizes menos experientes com o universo de práticas sociais que envolvem os gêneros mais complexos. Nossos alunos talvez dominem a conversa informal, a postagem no Twitter, o envio de áudios no WhatsApp, mas não sabem ainda se portar quando precisam relatar um experimento científico oralmente ou expor sua opinião sobre o desmatamento da Amazônia em uma redação argumentativa.

O papel da escola é enriquecer esse repertório de gêneros, apresentando-os como espelhos de práticas sociais, instrumentos para pensar e fazer melhor, como propõem Dolz e Schneuwly (2004), e oferecendo ao aluno o contato com a maior diversidade possível de situações concretas de leitura e produção. Como nos mostrou o pequeno Gabriel Lucca, o "menino do bilhete", esse pode ser um caminho para favorecer o uso desembaraçado dos gêneros, que nos permite descobrir "mais depressa e melhor a nossa individualidade neles", e realizar, "com o máximo de perfeição, o intuito discursivo que livremente concebemos" (Bakhtin, 1994: 304).

Notas

[1] Disponível em: <https://g1.globo.com/sp/bauru-marilia/noticia/2018/12/12/e-verdade-esse-bilete-google-aponta-meme-como-um-dos-mais-buscados-do-ano.ghtml>. Acesso em: 17 out. de 2020.

[2] Disponível em: <https://twitter.com/LatuffCartoons/status/1180690288311984129>. Acesso em: 24 out. de 2020.

[3] Disponível em: <https://twitter.com/latuffcartoons/status/1222938180724436993>. Acesso em: 18 out. de 2020.

[4] Disponível em: <https://www.gpabr.com/pt/noticias-releases/marketing/campanha-de-pascoa-do-pao-de-acucar-celebra-as-pequenas-felicidades-que-se-tornam-gigantes/>. Acesso em: 18 out. de 2020.

Subsídios para uma prática pedagógica centrada na Semiolinguística

Nadja Pattresi

Quando se pensa no que se estuda nas universidades durante o curso de licenciatura em Letras, tem-se a sensação de que a academia não dialoga o bastante com o que se desenrola na vida escolar, no ambiente em que a educação básica, de fato, acontece. Ouve-se, com frequência, que a teoria não se articula com a prática, que os conceitos não podem "ser aplicados", que não se pode ensinar o que se aprende na graduação. Para o estudante, tanto o da licenciatura quanto o da escola, muitas vezes, resta a impressão, tão poeticamente descrita por Bartolomeu Campos de Queirós (2019, loc. 284), de que as palavras que ali circulam não aumentam o mundo; repetem o mundo.

Apesar de essa ideia não se limitar a apenas um componente do ensino de Língua Portuguesa, é provável que o eixo gramatical concentre grande parte das inquietações de licenciandos e professores. A situação parece estender-se, inclusive, para outros profissionais que, de certa forma, participam desse campo, como autores e editores de materiais e livros didáticos e, ainda, pais e responsáveis que se envolvem no processo de formação escolar. Em parte, esse quadro pode decorrer da equivalência, muito difundida pelo senso comum, entre saber a língua e saber gramática em seu viés normativo-prescritivo e, por extensão, entre ensinar português e ensinar apenas gramática nessa dimensão.

Neste capítulo, partilhamos uma possibilidade de reduzir a lacuna que parece haver entre o conhecimento teórico-metodológico produzido sobre a língua e a linguagem e o seu ensino na educação básica. Descrevemos e discutimos um percurso possível para uma prática pedagógica de Língua Portuguesa mais orgânica, considerando, sobretudo, o lugar dos elementos linguísticos, em seus níveis gramaticais e lexicais, nesse processo, tendo como ancoragem central a proposta da gramática do sentido e da expressão desenvolvida no campo da Teoria Semiolinguística de Análise do Discurso, de Charaudeau (1992, 2015a). Essa proposta não fragmentada inclui, sem dúvida, os demais **eixos de uso e estudo da língua**, como a produção textual, a oralidade e a leitura. Por isso, parte-se do princípio de que o estudo da gramática ou, mais amplamente, da análise linguística, como será mais bem explorado a seguir, contribui e converge para essas outras práticas de linguagem.

Para o tratamento didático de outros **eixos do ensino de Língua Portuguesa**, ler os capítulos "A Semiolinguística vai para a escola" e "Da interpretação à compreensão de textos", ambos incluídos nesta obra.

A fim de alcançar esse objetivo, o texto organiza-se em três seções. Inicialmente, apresenta-se um panorama sobre o ensino de gramática em dois dos principais documentos nacionais que orientam o ensino na educação básica: os Parâmetros Curriculares Nacionais (PCN) e a Base Nacional Comum Curricular (BNCC). Em seguida, delineia-se a perspectiva da gramática do sentido à luz da Semiolinguística e, de forma paralela, incluem-se atividades possíveis em sintonia com a abordagem enunciativo-discursiva apresentada, estabelecendo-se articulações com outras áreas de investigação sempre que isso se mostra frutífero. À medida que se descrevem as atividades didáticas, também se fazem remissões às habilidades a serem desenvolvidas em cada etapa de escolarização de acordo com a BNCC (Brasil, 2017, 2018), vigente no país para o ensino fundamental desde 2020. Na última seção, há algumas reflexões finais sobre o trabalho proposto.

No início deste percurso, importa, ainda, ressaltar dois aspectos. O primeiro deles concerne ao fato de que não se deve (nem se pode) prescindir do aprofundamento teórico para a formação do estudante de Letras e para o exercício do magistério na área de língua e linguagens. Portanto, o que se deseja, neste espaço, é dividir uma proposta de articulação entre pesquisa, teoria e prática, indicando alguns possíveis caminhos de construção de um ensino mais significativo.

O segundo fator diz respeito à própria perspectiva central aqui adotada. Reconhecemos, junto a outros pesquisadores da área, que, quando se trata do ensino-aprendizagem de língua, uma produção humana essencialmente heterogênea, não se pode crer que apenas um olhar teórico-metodológico seja suficiente para desenvolver uma prática didática mais integrada. Assim, embora nos filiemos à Semiolinguística, não desconsideramos a validade e a relevância de outras abordagens de investigação que, muito detidamente, se debruçam sobre o mesmo desafio. Por essa razão, em atenção ao princípio da **interdisciplinaridade focalizada** advogada por Charaudeau, dialogamos com outras áreas e postulados produtivos, igualmente voltados para o estudo da língua em seu funcionamento. Passemos, então, a mais reflexões e ao exercício de tentar aproximar a escola da vida e a vida da escola.

Nas palavras de Charaudeau (2013: 47), a **interdisciplinaridade focalizada** "[...] não é um modelo, mas um estado de espírito, um estado de espírito que engendra uma abordagem que procura manter, ao mesmo tempo, o múltiplo pertencimento disciplinar dos fenômenos sociais (interdisciplinaridade) e o rigor de uma disciplina (focalizada)".

O ENSINO DE GRAMÁTICA NOS PCN E NA BNCC

Neste espaço, não realizamos uma descrição exaustiva nem uma análise crítica aprofundada do que os PCN (Brasil, 1997, 1998) e a BNCC (Brasil, 2017, 2018) delimitam como objeto do ensino de Língua Portuguesa e de Gramática. Apesar de ser uma tarefa de reconhecida importância para o fazer pedagógico, interessa-nos apresentar um panorama dos fundamentos e diretrizes de ambos os documentos para o tratamento do componente gramatical em sala de aula, a fim de propor algumas alternativas nesse campo. Ainda em função dos limites aqui estabelecidos, nosso foco recairá sobre os anos finais do ensino fundamental.

Publicados em 1998, em sua versão específica para o 3º e o 4º ciclos do ensino fundamental – o que, atualmente, compreende o período do 6º ao 9º ano –, os PCN são herdeiros de uma concepção de ensino e de língua afinada com pesquisas e estudos em Linguística, cujos impactos no magistério se fizeram mais nítidos a partir da década de 1980 e trouxeram nova orientação para o tratamento da linguagem e da língua (Soares, 1997), afastando-se dos padrões mais normativos até então preponderantes. Assim, as diretrizes do documento pautam-se por uma perspectiva sociointeracionista de linguagem, concebida "[...] como ação interindividual orientada por uma finalidade específica, um processo de interlocução que se realiza nas práticas sociais existentes nos diferentes grupos de uma sociedade, nos distintos momentos de sua história" (Brasil, 1998: 20). Em articulação com esse viés, defende-se que "a unidade básica do ensino só pode ser o texto", que se organiza em diferentes gêneros, com suas restrições e especificidades temáticas, composicionais e estilísticas (Brasil, 1998: 23).

Para o tratamento dos elementos linguísticos mais particularmente, adota-se o termo "**análise linguística**" e, em consonância com o que prevê essa prática, defende-se a proposta de um ensino reflexivo, voltado para a produção de efeitos de sentido por meio de recursos linguísticos – gramaticais e lexicais – em textos reais e concretos. Conforme se lê nos PCN (Brasil, 1997: 53), "as atividades de análise linguística são aquelas que tomam determinadas características da linguagem como objeto de reflexão". Organizam-se em torno de dois aspectos: (i) "a capacidade humana de refletir, própria para analisar, pensar sobre os fatos e os fenômenos da linguagem" e (ii) "a propriedade que a linguagem tem de poder referir-se a si mesma, de falar sobre a linguagem". Essa prática inclui, então, **atividades** ditas **epilinguísticas**, que compreendem a reflexão associada ao uso da língua em determinadas situações, e as metalinguísticas, voltadas para a descrição e a categorização dos elementos linguísticos, com vistas a "[...] melhorar a capacidade de compreensão e expressão dos alunos, em situações de comunicação tanto escrita como oral". Nos PCN (1998: 82), valoriza-se, ainda, o enfoque sistemático da variação, constitutiva de qualquer língua, no ensino de Português, uma vez que "cumpre papel fundamental na formação da consciência linguística e no desenvolvimento da competência discursiva do aluno [...]".

Como esclarecem Bezerra e Reinaldo (2013: 21), a expressão "**análise linguística**" encerra duas práticas de estudo linguístico: 1) a descrição, explicação ou interpretação de aspectos da língua – "fazer próprio do estudo científico da língua" – que envolve suas unidades (fonema, morfema, palavra, sintagma, frase, texto e discurso) e se fundamenta em "estudos descritivos de diversas tendências teóricas"; e 2) descrição, explicação ou interpretação de unidades e aspectos da língua com fins didáticos. É, sobretudo, nesse segundo sentido que abordamos o conceito neste texto.

Para exemplos de como se podem desenvolver **atividades epilinguísticas**, consultar o capítulo "O olhar discursivo para uma metodologia integrada", nesta coletânea. Para conhecer mais, sugere-se também ler Franchi (2006) e Geraldi (1997).

Para além de uma substituição terminológica para o ensino tradicional de gramática, a prática de análise linguística vincula-se às reflexões realizadas por Franchi (2012 [1987]) e também às desenvolvidas por Geraldi (2011 [1984]), quando, em *O texto na sala de aula*, livro que contribuiu, em grande medida, para a disseminação de novos olhares sobre o ensino, fincados na concepção de linguagem como interação, explicita o que chamou de as três unidades básicas do ensino de português na escola: a prática de leitura de textos, a prática de produção de textos e a prática de análise linguística. Nessa ótica, a análise linguística pressupõe "trabalhar com o aluno o seu texto para que ele atinja seus objetivos junto aos leitores a que se destina" e inclui "tanto o trabalho sobre questões tradicionais da gramática quanto questões amplas a propósito do texto, entre as quais [...] coesão e coerência internas do texto; adequação do texto aos objetivos pretendidos; análise dos recursos expressivos utilizados (metáforas, metonímias, paráfrases, citações, discursos direto e indireto etc.) [...]" (Geraldi, 2011 [1984]: 62). Acrescenta-se, ainda, que se podem considerar aspectos sistemáticos da língua sem que, para isso, se enfatize a metalinguagem gramatical, pois "o objetivo não é o aluno dominar a terminologia (embora possa usá-la), mas compreender o fenômeno linguístico em estudo" (2011 [1984]: 62).

Vinte anos depois da publicação dos PCN, vem a público, em 2017, a **BNCC** para o ensino fundamental. Conforme consta da apresentação do documento, a Base está "prevista na Constituição de 1988, na LDB de 1996 e no Plano Nacional de Educação de 2014" e tem por finalidade estabelecer "[...] o conjunto de aprendizagens essenciais e indispensáveis a que todos os estudantes, crianças, jovens e adultos têm direito. Com ela, redes de ensino e instituições escolares públicas e particulares passam a ter uma referência nacional obrigatória para a elaboração ou adequação de seus currículos e propostas pedagógicas" (Brasil, 2017: 5). Por essa natureza, o documento reveste-se de um caráter normativo e mais pragmático e, apesar de não se apresentarem, de forma detalhada, os fundamentos teóricos e conceituais sobre os quais a Base se alicerça, assume-se a centralidade do texto no ensino e a perspectiva da linguagem como interação, estabelecendo-se, assim, uma vinculação direta com os pressupostos contemplados nos PCN (Brasil, 1997, 1998).

Em dezembro de 2017, publica-se a **BNCC** para a educação infantil e para o ensino fundamental (anos iniciais e finais) e, no ano seguinte, a versão consolidada e completa da Base para a educação básica, contemplando também a etapa do ensino médio.

Quanto à estrutura, a BNCC organiza-se em torno de competências gerais para a educação básica, competências para as grandes áreas do conhecimento (Linguagens – Língua Portuguesa, Língua Inglesa, Arte e Educação Física –; Matemática; Ciências da Natureza; Ciências Humanas – História e Geografia – e Ensino Religioso) e competências específicas de cada componente curricular (Língua Portuguesa, Arte, Educação Física, Língua Inglesa, Matemática,

Geografia, História e Ensino Religioso). Para o desenvolvimento dessas competências, apresenta-se um conjunto de habilidades relacionadas com cada componente do currículo e vinculadas a objetos de conhecimento, compreendidos como conteúdos, conceitos e processos, os quais, por sua vez, são organizados em práticas de linguagem (oralidade, leitura/escuta, produção – escrita e multissemiótica – e análise linguística/semiótica) de acordo com o campo de atuação – esferas de atividade – a que se vinculam (campo artístico-literário; campo das práticas de estudo e pesquisa; campo jornalístico-midiático e campo de atuação na vida pública no caso dos anos finais do ensino fundamental).

As habilidades de Língua Portuguesa para o ensino fundamental são numerosas: há 391 ao todo e 185 especificamente para os anos finais desse segmento. Neste último caso, distribuem-se em sete blocos: 6º ao 9º ano; 6º e 7º anos; 8º e 9º anos, além das habilidades específicas para cada uma dessas séries. No que tange ao eixo da análise linguística/semiótica, o foco neste capítulo, destaca-se que "envolve conhecimentos linguísticos – sobre o sistema de escrita, o sistema da língua e a norma-padrão –, textuais, discursivos e sobre os modos de organização e os elementos de outras semioses" (Brasil, 2018: 71). Afirma-se, ainda, paralelamente à tônica dos PCN, que:

> [...] estudos de natureza teórica e metalinguística – sobre a língua, sobre a literatura, sobre a norma padrão e outras variedades da língua – não devem nesse nível de ensino ser tomados como um fim em si mesmo, devendo estar envolvidos em práticas de reflexão que permitam aos estudantes ampliarem suas capacidades de uso da língua/linguagens (em leitura e em produção) em práticas situadas de linguagem. (Brasil, 2018: 71)

Cabe ressaltar, como a própria Base indica, a importância de se trabalhar, de forma didática, com a organização e o funcionamento de outros modos de significação além da semiose verbal, o que contempla a própria heterogeneidade dos textos e produções socioculturais que os estudantes acessam, leem e/ou produzem no cotidiano, ampliando seus horizontes de atuação social e possibilidades de letramento ao longo da vida escolar.

Na BNCC, enfatiza-se que as situações de reflexão sobre a língua e as linguagens em geral devem ocorrer, por exemplo, por meio de "comparação entre definições que permitam observar diferenças de recortes [...] na formulação de conceitos e regras; comparação de diferentes formas de dizer 'a mesma coisa' e análise dos efeitos de sentido que essas formas podem trazer/suscitar; exploração dos modos de significar dos diferentes sistemas semióticos etc." (Brasil, 2018: 81).

Assim como nos PCN, embora com menos destaque, comparece também a orientação de se refletir sobre a variação e a mudança linguísticas, inerentes a qualquer língua, relacionando-as ao uso e aos valores sociais que lhes são atribuídos, tematizando-se, inclusive, a questão do preconceito.

Em linhas gerais, essas são as bases à disposição de professores para associar o que se estuda ao que se pratica, efetivamente, em sala de aula, segundo dois importantes documentos da educação brasileira. Entretanto, como pesquisas e trabalhos em diversas vertentes teórico-metodológicas têm apontado (Faraco, 2017), a par de uma já considerável produção bibliográfica sobre o tema do ensino mais reflexivo de língua e gramática, ainda carecemos de propostas mais sólidas e percursos mais bem orientados para essa prática, sem dúvida, coletiva e fomentada por diferentes eixos e aportes teóricos (Barbosa e Vieira, 2017).

Longe de oferecer um projeto milimetricamente desenhado para isso, compartilhamos, a seguir, um plano aberto – de que podem participar outras perspectivas –, assentado no postulado de que comunicar é proceder a uma encenação de sentidos, em uma coconstrução de sujeitos situados e orientados por finalidades sociais, discursivas e interacionais, como explica Charaudeau (2008a).

UMA PROPOSTA ANCORADA NA GRAMÁTICA DO SENTIDO E DA EXPRESSÃO

A proposta da gramática do sentido e da expressão (Charaudeau, 1992, 2005), vinculada à Teoria Semiolinguística de Análise do Discurso, tem como um de seus pilares o propósito de ser explicativa e de evidenciar as categorias de sentido que estão a serviço do discurso, descrevendo seus efeitos possíveis. Nesse sentido, interagir equivale a um ato de linguagem que só se concretiza na e pela relação entre três eixos: "um 'querer dizer' que se define através de um 'como dizer' em função de um 'poder dizer'", evidenciando a interseção entre intencionalidade e expressão (Charaudeau, 2015a: 246). Esses eixos se definem e se caracterizam na esfera do que se concebe como um **contrato de comunicação** entre sujeitos dotados de identidade psicosso-

Para um aprofundamento do conceito de **contrato de comunicação** e de seu funcionamento, consultar, neste livro, os capítulos "A Semiolinguística vai para a escola" e "Uma gramática da expressão e do sentido".

cial – os parceiros da comunicação – e discursiva – os protagonistas. No caso em questão, em se tratando do ensino, essa relação contratual diz respeito ao campo didático.

Quanto a esse contrato de comunicação que se desenvolve em sala de aula, Charaudeau (2012) explica que ensinar uma língua não significa ensinar "a Língua", com "l" maiúsculo. Segundo o autor, o objetivo central dessa atividade reside em: "[...] ensinar como se constroem os objetivos de significação num ato de comunicação [...], por meio das formas da matéria linguageira. Em tal perspectiva, os problemas do ensino desta disciplina não se apresentam em termos de oposições: língua ou comunicação, exemplos fora do contexto ou textos autênticos [...]" (Charaudeau, 2012: 12).

Por conseguinte, todo ato de linguagem nasce vinculado às circunstâncias situacionais do discurso – à intencionalidade dos sujeitos interagentes e suas identidades, ao tema de que tratam, às condições materiais da interação – e abrange tanto a dimensão explícita quanto implícita da linguagem. Em outras palavras, para a compreensão de textos, os interlocutores devem considerar tanto as operações que se apoiam nas relações de seleção e de combinação das unidades da língua, em seu caráter mais sistemático e estrutural – as chamadas **inferências centrípetas internas** – quanto aquelas que permitem relacionar esses elementos linguísticos com as situações de interação em que se realizam – nível em que se dão as **inferências centrífugas externas**. Na perspectiva da Teoria Semiolinguística, portanto, defende-se a prática de descrever a língua "do ponto de vista de categorias que correspondam a *intenções de comunicação* (o sentido), pondo em relação com cada uma delas os *meios* (as formas) que permitem expressá-las" (Charaudeau, 2015a: 246-7, grifo do autor).

Consultar, nesta obra, o capítulo "Da interpretação à compreensão de textos" para um detalhamento dos processos de **inferências centrípetas internas** e **inferências centrífugas externas** no âmbito da leitura, interpretação e compreensão de textos.

Como exemplo dessa postura, pode-se pensar na operação de causalidade em sentido amplo, intimamente relacionada com o **modo de organização argumentativo** do discurso. Trata-se, nesse caso, de uma operação linguística que pode concretizar-se por diferentes categorias formais a fim de

Neste livro, o capítulo "Os modos de organização do discurso" trata, com detalhes, do **modo de organização argumentativo** e dos outros modos à luz da Semiolinguística.

se explicar algo e de se demarcar a relação lógica de causa e consequência. Entre os meios de expressão possíveis para isso, o enunciador pode mobilizar tanto recursos lexicais (A morte do jovem foi *decorrente* do novo **coronavírus**/ A morte do jovem foi *consequência* do novo coronavírus) quanto gramaticais, apoiando-se em articuladores diversos: a) O jovem não resistiu *porque* estava muito doente; b) O jovem estava *tão* doente *que* não resistiu; c) *Se* mantivermos o isolamento social, poderemos evitar a contaminação pelo novo coronavírus; d) Devemos manter o isolamento social *a fim de* evitar a contaminação pelo novo coronavírus. Embora esses períodos tenham diferentes classificações sintáticas, verificamos a concretização da mesma categoria lógico-semântica: a **causalidade**. Em cada item, ainda, as escolhas enunciativas em jogo engendram diferentes especificidades de sentido. Aí reside, a nosso ver, uma das potencialidades de se operar com uma gramática do sentido e da expressão a serviço da enunciação, da intencionalidade dos sujeitos em interação também no campo do ensino e aprendizagem de Português.

> De acordo com informações do Ministério da Saúde, "**coronavírus** é uma família de vírus que causam infecções respiratórias. O novo agente do coronavírus foi descoberto em 31/12/19 após casos registrados na China. Provoca a doença chamada de coronavírus (covid-19)". Disponível em: <https://coronavirus.saude.gov.br/>. Acesso em: 6 jul. 2020.

> Azeredo (2008) também descreve a **causalidade** como uma relação em sentido lato. Nessa perspectiva, fala-se em uma macrorrelação que articula dois fatos: a um deles se vincula o valor de causa ou condição e ao outro, o de consequência (efeito contingente) ou finalidade (efeito visado). Assim, observa-se que a realização de um dos fatos "depende ou decorre da realização do outro" (Azeredo, 2008: 323), demarcando-se a complementaridade entre as relações de causa e efeito.

Em outros termos, ecoando as palavras de Azeredo (2018: 57), "o foco do ensino de língua deve ser a articulação de três variáveis: as formas, os sentidos pretendidos e as situações comunicativas". Isso pode ampliar a capacidade de expressão e de compreensão de conteúdos linguisticamente concretizados, à semelhança de um "passaporte" que "permite [ao estudante] transitar conscientemente pelo mundo dos textos" (Azeredo, 2018: 64). Portanto, cabe ao ensino capacitar o aluno a expressar-se e a compreender melhor textos orais e escritos, em diferentes gêneros e em seus respectivos modos de organização, considerando tanto os conteúdos quanto as formas que os manifestam. Afinal, verifica-se que "forma e conteúdo são interdependentes, pois qualquer conteúdo só é acessível por meio da forma que lhe dá corpo" (Azeredo, 2018: 131).

Esse ponto de vista está em harmonia com o que defende também Travaglia (2003: 44), ao afirmar que "é preciso questionar a dicotomia posta quando se diz 'aspectos gramaticais e textuais da fala/escrita', pois dizer assim faz pensar que o que é textual não é gramatical e o que é gramatical não é textual [...]. Tal crença [...] faz supor uma separação entre as atividades de ensino de gramática e de produção/compreensão de textos, que inexiste [...]".

Nessa ótica, trata-se, portanto, de reconhecer que os diversos recursos e usos linguísticos, em todos os seus níveis de organização (fonológico, morfológico, sintático) e de funcionamento (lexical, frasal, textual, discursivo) atuam "como pistas e instruções de sentidos [...]" em uma "dada sequência linguística usada como texto numa dada situação de interação". Em outras palavras, "tudo o que é gramatical é textual e [...] tudo o que é textual é gramatical" (Travaglia, 2003: 45).

Sintetizando essa abordagem situacional e textual-discursiva na seara do ensino, Charaudeau (2012: 12-3; grifo nosso) postula que, na prática didática, deve-se:

> 1) recusar qualquer atividade de ensino que se *contenta em aplicar exercícios puramente formais, pois estes não consideram os objetivos de sentido contidos nos atos de linguagem.* [...] 2) visto que não há ato de linguagem sem objetivo de sentido, construir atividades pedagógicas (existem várias possíveis) que permitem pôr em relação a descoberta e a manipulação das formas da linguagem com os contratos e as estratégias de fala dos parceiros duma troca (tratando-se de textos orais ou escritos), para mostrar que o emprego das formas serve para construir as identidades e intenções sociais e individuais dos sujeitos falantes. Assim, não haveria mais nenhum exercício de localização das formas, nenhum exercício de manipulação da língua, nenhum exercício de criação que não fosse motivado pela *descoberta simultânea de um objetivo de identidade.*

Para a proposta ora apresentada, recorremos a um texto de Carlos Drummond de Andrade originalmente veiculado no jornal *Correio da Manhã*, em 1954, sob o título "**Conversa outonal**" e publicado, em 2012, pela Companhia das Letras no livro *Fala, amendoeira*, coletânea que reúne outras crônicas do escritor mineiro.

A crônica "**Conversa outonal**" está disponível no acervo digital da Biblioteca Nacional (BNDigital), no arquivo digitalizado da edição de 21 de março de 1954 do *Correio da Manhã*. O texto pode ser consultado no seguinte endereço eletrônico: <http://memoria.bn.br/DocReader/089842_06/34951?pesq=esse%20ofício>. Acesso em: 20 maio 2020.

Esse ofício de rabiscar sobre as coisas do tempo exige que prestemos alguma atenção à natureza – essa natureza que não presta atenção em nós. Abrindo a janela matinal, o cronista reparou no firmamento, que seria de uma safira implacável se não houvesse a longa barra de névoa a toldar a linha entre céu e chão – névoa baixa e seca, hostil aos aviões. Pousou a vista, depois, nas árvores que algum remoto prefeito deu à rua, e que ainda ninguém se lembrou de arrancar, talvez porque haja outras destruições mais urgentes. Estavam todas verdes, menos uma. Uma que, precisamente, lá está plantada em frente à porta, companheira mais chegada de um homem e sua vida, espécie de anjo vegetal proposto ao seu destino.

Essa árvore de certo modo incorporada aos bens pessoais, alguns fios elétricos lhe atravessam a fronde, sem que a molestem, e a luz crua do projetor, a dois passos, a impediria talvez de dormir, se ela fosse mais nova. Às terças, pela manhã, o feirante nela encosta sua barraca, e ao entardecer, cada dia, garotos procuram subir-lhe pelo tronco. Nenhum desses incômodos lhe afeta a placidez de árvore madura e magra, que já viu muita chuva, muito cortejo de casamento, muitos enterros, e serve há longos anos à necessidade de sombra que têm os amantes de rua, e mesmo a outras precisões mais humildes de cãezinhos transeuntes.

Todas estavam ainda verdes, mas essa ostentava algumas folhas amarelas e outras já estriadas de vermelho, numa gradação fantasista que chegava mesmo até o marrom – cor final de decomposição, depois da qual as folhas caem. Pequenas amêndoas atestavam o seu esforço, e também elas se preparavam para ganhar uma coloração dourada e, por sua vez, completado o ciclo, tombar sobre o meio-fio, se não as colhe algum moleque apreciador do seu azedinho. E como o cronista lhe perguntasse – fala, amendoeira – por que fugia ao rito de suas irmãs, adotando vestes assim particulares, a árvore pareceu explicar-lhe:

– Não vês? Começo a outonear. É 21 de março, data em que as folhinhas assinalam o equinócio do outono. Cumpro meu dever de árvore, embora minhas irmãs não respeitem as estações.
– E vais outoneando sozinha?
– Na medida do possível. Anda tudo muito desorganizado, e, como deves notar, trago comigo um resto de verão, uma antecipação de primavera e mesmo, se reparares bem neste ventinho que me fustiga pela madrugada, uma suspeita de inverno.
– Somos todos assim.
– Os homens, não. Em ti, por exemplo, o outono é manifesto e exclusivo. Acho-te bem outonal, meu filho, e teu trabalho é exatamente o que os autores chamam de outonada: são frutos colhidos numa hora da vida que já não é clara, mas ainda não se dilui em treva. Repara que o outono é mais estação da alma que da natureza.
– Não me entristeças.
– Não, querido, sou tua árvore da guarda e simbolizo o teu outono pessoal. Quero apenas que te outonizes com paciência e doçura. O dardo de luz fere menos, a chuva dá às frutas o seu definitivo sabor. As folhas caem, é certo, e os cabelos também, mas há alguma coisa de gracioso em tudo isso: parábolas, ritmos, tons suaves... Outoniza-te com dignidade, meu velho!

Fonte: Carlos Drummond de Andrade, "Conversa outonal", em *Fala, amendoeira*, São Paulo, Companhia das Letras, 2012.

Embora nosso propósito central seja apresentar algumas possibilidades de atividades de análise linguística, essa prática deve ser conjugada, como já se destacou, às de leitura e escrita. No entanto, em razão do espaço de que dispomos aqui, ressalvamos que não se vai explorar, com a devida ênfase, essa vinculação na crônica como um todo.

Quanto à temática, pode-se verificar que o texto de Drummond tem relação com a própria atividade de escrita do cronista, voltada para registrar "as coisas do tempo", como se lê. Para a exploração do texto, na atividade de leitura, pode-se destacar a forma poética como o cronista descreve seu olhar sobre a natureza, representada por uma árvore que observa de sua janela, para falar sobre a passagem do tempo, sobre o processo de escrita e sobre o envelhecer. Esse processo de reflexão e de construção de hipóteses sobre o texto pode iniciar-se por seu título original ("Conversa outonal") e pelo título da obra em que posteriormente foi publicado (*Fala, amendoeira*). Isso será retomado na última atividade.

Dadas essas características temáticas e estilísticas, sugere-se que a crônica e as atividades propostas sejam trabalhadas com estudantes do 7º ou 8º anos. Além disso, conforma BNCC, como a crônica deve ser contemplada nas aulas de Português desde o 6º ano, pode-se vincular a organização do texto e as escolhas linguísticas à finalidade central do **gênero**: tematizar acontecimentos ou episódios do cotidiano, de um ponto de vista mais subjetivo, em que cabe a expressão de impressões e opiniões por meio de um uso mais criativo da linguagem.

Embora se reconheçam especificidades quanto ao conceito de **gênero** textual e de gênero discursivo, não é nosso objetivo empreender essa discussão neste trabalho. Toma-se o conceito no sentido bakhtiniano: "*tipos relativamente estáveis* de enunciados", dotados de conteúdo temático, estrutura composicional e estilo (Bakhtin, 1994: 262; grifo do autor), em associação à concepção presente em pesquisas de cunho sociointeracionista.
Para mais detalhes sobre o assunto, consultar, neste livro, o capítulo "Gêneros discursivos entre restrições e liberdades".

Em relação ao vocabulário do texto, em sala, após uma primeira leitura, os estudantes podem ser incentivados a depreender o significado de palavras desconhecidas ou menos corriqueiras por meio de inferências, que podem, em momento posterior, ser confirmadas com o uso de dicionários, por exemplo. Outra possibilidade é desenvolver atividades de análise linguística como as que se vão propor adiante sobre o processo de formação de palavras para nortear, quando possível, esse trabalho de interpretação "mais local" da crônica.

De forma mais específica, elencam-se, a seguir, algumas atividades possíveis com base no texto:

→ As crônicas, em geral, são textos que tratam de temas do cotidiano por uma ótica mais subjetiva, mais pessoal. Releia o seguinte trecho e responda:

> "Abrindo a janela matinal, o cronista reparou no firmamento, que seria **de uma safira implacável** se não houvesse a **longa barra de névoa a toldar a linha entre céu e chão** – névoa baixa e seca, **hostil aos aviões**. **Pousou a vista**, depois, nas árvores que algum remoto prefeito deu à rua, e que ainda ninguém se lembrou de arrancar, talvez porque haja outras destruições mais urgentes."

a) As partes destacadas mostram um uso mais poético e menos usual da linguagem. Descreva seus possíveis sentidos no trecho e comente que características acrescentam ao que é descrito.
b) Considere o trecho "Pousou a vista, depois, nas árvores que algum remoto prefeito deu à rua, e que ainda ninguém se lembrou de arrancar, talvez porque haja outras destruições mais urgentes". O que se pode deduzir sobre a existência de árvores nas ruas da cidade em que o cronista vive? Justifique sua resposta.
c) De que forma a conclusão a que chegou no item (b) pode ajudar a caracterizar a árvore observada pelo cronista?

O item (a) tem por finalidade orientar os alunos a refletirem sobre as expressões que revelam um uso mais expressivo da linguagem e permitem conhecer a ótica do cronista, a lente com a qual descreve e recria o mundo no plano do texto. Os estudantes também são estimulados a pensar em que características podem ser inferidas das expressões empregadas e em que sentidos acrescentam aos elementos a que se associam. A imagem de "uma safira impecável", por exemplo, além de remeter à cor que o céu teria se não houvesse o bloqueio da névoa a "toldar" a paisagem, traz também a ideia de que o espaço celeste estaria magnífico, esplendoroso como a própria pedra preciosa, não fosse a barreira mencionada.

O item (b), por sua vez, direciona-se para o trabalho com inferências internas e externas com base no que se lê a respeito das árvores vistas pelo cronista: o fato de se mencionar que foram plantadas por um "remoto" prefeito permite pressupor que isso talvez já não seja uma prática comum no tempo em que vive o cronista. Da referência a prováveis "destruições mais urgentes" pode-se depreender um tom de crítica e uma menção à mudança da paisagem nas cidades pela derrubada de árvores para se abrir espaço para edificações urbanas. Essas reflexões se encaminhariam para o item (c), em que se propõe a realização de outras inferências com base nas anteriores: essas árvores, que são obra de um antigo prefeito e que ainda não foram destruídas, parecem ser, então, elementos raros na paisagem que o cronista observa, o que pode explicar ainda melhor a razão do seu interesse por elas.

Incluem-se, a seguir, outras propostas de atividades. Vejamos.

→ Releia o fragmento I, retirado da crônica.

I – "Nenhum desses incômodos lhe afeta a placidez de árvore madura e magra, que já viu muita chuva, muito cortejo de casamento, muitos enterros, e serve há longos anos à necessidade de sombra que têm os amantes de rua, e mesmo a outras precisões mais humildes de cãezinhos transeuntes."

a) No texto, a que se refere "nenhum desses incômodos"?
b) Pode-se dizer que a expressão revela um ponto de vista do cronista sobre o que é descrito? Explique.
c) Agora compare o trecho I ao fragmento II a seguir:

II – Nenhum desses incômodos lhe afeta a placidez de árvore, que já viu chuva, cortejo de casamento, enterros, e serve à necessidade de sombra, e mesmo a precisões humildes.

d) Quanto ao que se descreve, qual fragmento traz mais detalhes?
e) Que informações não aparecem no fragmento II? Descreva as ideias que cada uma delas acrescenta às palavras a que se ligam.
f) O que essas informações indicam:
→ sobre a árvore e sua relação com o tempo?
→ sobre a serventia da árvore?
g) Com base nas expressões presentes em I, pode-se afirmar que o cronista tem uma visão positiva ou negativa da árvore? Por quê?
h) Considere o que já observou nas questões anteriores e responda: o que se pode concluir sobre o uso das expressões presentes em I na crônica?

Nessa série de atividades, exploram-se, inicialmente, nos itens (a) e (b), elementos gramaticais constitutivos do sintagma "nenhum desses incômodos", que estão a serviço do processo de textualização da crônica, com foco em sua tematização e progressão por meio da construção de referentes no próprio texto, o que contribui, em grande medida, para revelar o ponto de vista adotado pelo enunciador. Nesse caso, "(d)esses incômodos" funciona como um rótulo em relação ao que se mencionou na porção textual anterior (os fios elétricos que atravessam a árvore, a luz do projetor que poderia impedir seu "sono", o uso de seu tronco como estrutura para a barraca do feirante e para os meninos que o escalavam). Como nos explicam Koch e Elias (2016: 92), usa-se, nesse caso, "uma forma nominal para resumir porções textuais e transformar essa porção em um referente", ou seja, naquilo de que se vai tratar por determinado viés. Os rótulos, que encapsulam partes do texto, exigem do leitor a capacidade de interpretar tanto a expressão usada quanto sua relação com aquilo a que se refere e mobilizam "algum grau de subjetividade", uma vez que o produtor "procede a uma avaliação desses segmentos e escolhe aquele rótulo que considera adequado para a realização de seu **projeto de dizer**" (Koch e Elias, 2016: 94).

> Nessa perspectiva, defende-se, então, que se criam objetos de discurso por meio dos referentes textuais, considerando que decorrem de escolhas enunciativas entre várias possíveis e imprimem certa orientação ao texto, marcando o **projeto de dizer** do enunciador (Koch e Elias, 2016).

Do item (c) ao (h), por meio de atividades que envolvem comparação, cotejo e inferências diversas, os estudantes irão explorar e perceber, de forma indutiva, os efeitos de sentido de expressões que determinam e qualificam os nomes (substantivos) ou expressões nominais a que se associam na crônica – os tradicionalmente chamados adjuntos adnominais. No final dessa sequência de exercícios, pode-se, inclusive, sistematizar um conceito ou descrição dessas locuções e suas funções no texto, mencionando sua classificação gramatical de acordo com a tradição. Como já se aludiu anteriormente, as atividades metalinguísticas podem ser parte do **processo de ensino/aprendizagem de língua**, considerando até seu caráter formativo em termos de conhecimento de uma área em nível mais técnico e científico, como se faz, por exemplo, com outros conteúdos escolares; o que se deve superar é a prática didática que toma essa classificação como um fim em si mesma.

> A respeito do processo de **ensino/aprendizagem de língua**, Perini (2014), por exemplo, defende que se pode, na escola, desenvolver a "alfabetização científica" dos estudantes por meio do estudo da Gramática, que é também uma disciplina científica do currículo escolar, como Física, Química etc.

Podem-se explorar também outros recursos linguísticos na crônica com exercícios que envolvam estratégias semelhantes. No trecho "[...] alguns fios elétricos lhe atravessam a fronde, *sem que a molestem*, e a luz crua do projetor, *a dois passos*, a impediria talvez de dormir, *se ela fosse mais nova. Às terças, pela manhã*, o feirante nela encosta sua barraca, e *ao entardecer, cada dia*, garotos procuram subir-lhe pelo tronco", pode-se analisar o uso das orações e das expressões em destaque para a produção de sentidos a serviço da descrição produzida na crônica.

Os elementos em questão têm em comum sua natureza circunstancial, adverbial, aos quais, em geral, a tradição gramatical no ensino atribui um caráter acessório, mas que, no uso concreto, no texto, participam, de modo decisivo, da localização dos eventos no tempo ("Às terças, pela manhã" e "ao entardecer, cada dia") e lhes acrescentam também outras nuances, como a de modo ou concessão, em "sem que a molestem", e a de hipótese contrafactual em "se ela fosse mais nova", o que concorre para uma qualificação indireta da árvore que o cronista detidamente observa. Essas operações linguageiras se vinculam aos processos de *situar/localizar* e de *qualificar*, típicos do **modo descritivo de organização do discurso**, e, como se vê na crônica, são concretizados por diferentes recursos linguísticos (orações, expressões/sintagmas) que contribuem para a **semiotização** produzida no texto.

Sobre o processo de ***semiotização do mundo*** e as operações de *identificação* e *qualificação* nele envolvidos, sugerimos a leitura do capítulo "O olhar discursivo para uma metodologia integrada" neste livro. Para a vinculação desses processos ao **modo descritivo de organização do discurso**, junto às operações de *localizar/situar* os eventos no tempo e no espaço, consultar o capítulo "Os modos de organização do discurso, que também integra esta obra.

Esse conjunto de atividades vai ao encontro, portanto, da ideia de que "descrever é tomar partido" (Charaudeau, 2008a: 115), na medida em que, ao mobilizar operações de *nomear/identificar*, *qualificar*, *situar/localizar*, a descrição permite ver o mundo sob determinada lente, sob certa perspectiva, evidenciando o caráter eminentemente enunciativo da linguagem. Na BNCC, o trabalho com adjuntos adnominais e adverbiais está previsto em duas **habilidades** específicas do eixo de análise linguística/semiótica, ambas do 8º ano: EF08LP09 e EF08LP10, respectivamente. Já o estudo de elementos linguísticos que se colocam a serviço da leitura e da produção de textos,

Na Base, as **habilidades** são identificadas por um código alfanumérico, no qual EF indica ensino fundamental; os dois números seguintes remetem à série ou grupo de séries em foco; LP refere-se à Língua Portuguesa e os dois últimos números indicam a posição que a habilidade ocupa na numeração sequencial do documento para cada série ou grupo de séries, sem nenhum caráter hierárquico. Assim, com EF69LP18, indica-se a habilidade número 18 de Língua Portuguesa a ser contemplada do 6º ao 9º ano do ensino fundamental.

entre os quais se destacam os mecanismos coesivos referenciais e seu papel na progressão textual, é indicado, mais especificamente, nas habilidades EF06LP1, EF07LP12, EF07LP13, EF67LP36 e EF08LP14 da BNCC, relacionadas com o eixo de análise linguística/semiótica para todos os campos de atuação. Na habilidade EF67LP37, destaca-se também o trabalho com os efeitos de sentido de sequências descritivas, narrativas e argumentativas e da ordenação dos eventos, por exemplo.

Outro mecanismo linguístico ricamente mobilizado na crônica de Drummond são os processos de formação de palavras. De acordo com a Base, esse conteúdo de análise linguística/semiótica está previsto para os 6º, 7º e 8º anos, nas habilidades EF67LP35, EF07LP03 e EF08LP05. Seguem, assim, algumas propostas possíveis para explorar esses mecanismos.

→ Releia o trecho e responda aos itens a seguir:

> "– Não vês? Começo a **outonear**. É 21 de março, data em que as folhinhas assinalam o equinócio do outono. Cumpro meu dever de árvore, embora minhas irmãs não respeitem as estações."

a) A palavra "outonear" forma-se com base em outra. Qual?
b) Compare a palavra base com "outonear". Que alterações você observa?
c) Você conhece outras palavras que tenham a mesma terminação de "outonear"? Cite alguns exemplos.
d) Considere os exemplos que reuniu anteriormente e agora organize uma espécie de quadro. Em uma coluna, anote as palavras em que você pensou e, em outra, registre as palavras que servem de base para os seus exemplos. Depois, você pode nomear as colunas do quadro com um título que resuma o conteúdo de cada uma.
e) Em séries e aulas anteriores, você aprendeu que as palavras podem ser reunidas em grupos ou em classes porque dividem certas características. Você tem estudado, por exemplo, a classe dos substantivos, adjetivos e verbos. De que classe/grupo de palavras "outonear" faz parte? Como você chegou a essa conclusão?
f) Com base no que já refletiu e na leitura do texto, explique o sentido de "outonear".

O objetivo central desse conjunto de atividades é propor uma abordagem mais reflexiva a respeito dos processos de formação de palavras. Mais uma vez, a turma seria convidada a comparar e a deduzir informações com base em formas e usos do texto e da língua. Caso alguns estudantes não se lembrem de exemplos para responder ao item (c), podem ser incentivados a trabalhar em grupos e/ou a fazer esse levantamento por meio de consulta a glossários, sob a orientação dos professores. Essa dinâmica de trabalho em equipe também pode ser estendida para a realização do item (d), e a turma pode ser estimulada a anotar, no quadro da sala, as informações que organizou. Com base nesse registro, posteriormente, pode-se refletir coletivamente sobre o processo de formação de palavras – por sufixação nesse caso –, que enseja a criação de um verbo com base em um substantivo (como em "flor" / "florear") ou em um adjetivo (como em "claro" / "clarear").

Além disso, a propósito do item (d), se essa for a primeira ocasião em que a turma produza e organize um quadro, pode-se orientá-la na realização do exercício e também pedir que forme grupos. Essa atividade pode encaminhar-se, inclusive, para o desenvolvimento de estratégias do campo de atuação de estudo e pesquisa preconizado pela BNCC para os anos finais do ensino fundamental. Esse campo envolve, em linhas gerais, o desenvolvimento de habilidades e a mobilização de recursos e meios de se "aprender a aprender". Nesse sentido, a construção de quadros para organizar e sintetizar informações decorrentes da observação de um processo frequente na língua, como o de formação de palavras, parece figurar como uma boa oportunidade para esse trabalho.

Quanto ao item (e), vale a mesma ressalva que já fizemos sobre o uso de categorias da tradição gramatical em sala de aula. Trata-se de uma abordagem que não se esgota em si mesma, mas que pode ser trabalhada com um viés complementar ao que se desenvolveu mais reflexivamente, em uma atitude que associe ambas as perspectivas se assim se julgar pertinente. O objetivo central aqui seria focalizar a ligação de padrões morfológicos que serão percebidos nos itens (c) e (d) com o funcionamento e os traços mais típicos de grupos ou classes de palavras. Também é relevante perceber que, além do aspecto morfológico, o contexto de uso em que "outonear" surge na crônica – o da locução "começo a outonear", que indica o início de um processo – reforça seu caráter verbal.

Para que os estudantes continuem observando formas de gerar palavras, pode-se pedir que verifiquem no texto outros termos que tenham a mesma base de "outonear". Essa atividade enseja também a oportunidade de refletir, com a turma, sobre o uso de palavras relacionadas com "outono" e seu papel no desenvolvimento temático da crônica, por exemplo. Depois, pode-se pedir que, em grupos, comparem essas palavras com outras que conheçam e que apresentem as mesmas terminações. Pode-se pedir também que tentem distribuir essas palavras, de acordo com as classes de que fazem parte (substantivos, adjetivos, verbos), em quadros como os que fizeram no exercício sobre o verbo "outonear" (item (d)) para melhor organizar as informações. Essa atividade pode, assim, trazer novas oportunidades de trabalho com a síntese e a reunião de informações observadas por meio da comparação, o que se direciona, uma vez mais, para estratégias do campo de estudo e pesquisa indicado pela BNCC. Por fim, pode-se estimular os estudantes a anotar suas conclusões, ou seja, aquilo que observaram sobre o modo como podemos criar ou gerar palavras na língua. Para isso, pode-se pedir que, com base nos dados que reuniram, respondam à seguinte pergunta: para formar palavras em português, é necessário criar formas totalmente desconhecidas ou diferentes? Por quê?

O item (f), por fim, destaca os sentidos de "outonear". Esse item poderia ter sido o primeiro dessa série de atividades, caso se desejasse começar pelo enfoque das inferências mais gerais para depois se destacar o funcionamento mais específico dessa forma linguística. Optou-se por essa ordenação, no entanto, por uma questão didática: nesse caso, parece que refletir sobre o plano morfológico pode jogar luz sobre aspectos semânticos. Na prática de análise linguística voltada para o ensino, o percurso pode partir da realização de inferências externas, que contemplem aspectos do contexto, da situação comunicativa, para a realização de inferências mais internas, ancoradas em aspectos linguísticos e estruturais – o que nos parece, em geral, uma opção frutífera – ou pode realizar-se de modo contrário – do interno para o externo – de acordo com a natureza do que se está estudando a cada momento.

A fim de dar continuidade ao trabalho com formação de palavras, parece interessante voltarmo-nos para o trecho que se destaca a seguir.

→ Agora releia: "– Não, querido, sou tua **árvore da guarda** e simbolizo teu outono pessoal".

a) Há um certo jogo entre "árvore da guarda" e outra palavra da língua portuguesa. Que palavra está diretamente relacionada com "árvore da guarda"?
b) Embora seja um neologismo, ou seja, uma palavra nova criada pelo cronista, como se pode entender o sentido do termo em destaque?
c) Compare a formação da palavra "árvore da guarda" com a de "outonear". Que diferenças você observa?

Nesse conjunto de atividades, entra em cena a formação de palavras por composição. Mais uma vez, o que interessa, em primeiro plano, é mediar um processo reflexivo de comparação e associação entre usos e formas da língua suscitado pela crônica. Assim, os estudantes pensarão nas relações de forma e sentido entre a palavra "árvore da guarda" e "anjo da guarda", provavelmente conhecida pela turma. Depois, poderão verificar as diferenças mais perceptíveis entre a formação de palavras derivadas por sufixação e a de palavras compostas. Após essa prática, podem-se sistematizar as informações em torno de conceitos e descrições mais gerais. O conteúdo relacionado com a formação de palavras compostas também comparece na BNCC, especificamente em uma habilidade do 8º ano (EF08LP14).

Para destacar, com mais detalhes, a forma como o tema da crônica se constrói pela ótica da descrição do cronista e como as formas linguísticas e textuais contribuem para essa produção de sentidos, podem-se realizar atividades como as que seguem.

→ A crônica desenvolve-se pelo olhar atento que o cronista lança sobre uma árvore.

a) Ao longo do texto, é possível afirmar que a árvore é descrita como se fosse um ser humano? Por quê?
b) Releia o diálogo do final da crônica e responda:
   → Nesse diálogo, o trabalho do cronista é comparado com o quê?
   → O que se pode concluir sobre a atividade do cronista por essa comparação?
c) O que essas aproximações entre a árvore e o cronista sugerem sobre a relação entre o homem e a natureza?

Nesse grupo de atividades, enfoca-se também como certas formas linguísticas e textuais constroem um modo mais subjetivo de descrever o mundo na crônica. Podem-se explorar os efeitos de sentido que as comparações suscitam ao sugerir paralelos entre universos diferentes: o da natureza, simbolizado pelo outono e suas características, e o da escrita, que pertence ao universo humano. Por esse recurso, reforça-se a ideia de que o homem integra a natureza e poderia, então, se dedicar, mais frequentemente, a observar seus ciclos e processos. Assim, os efeitos poéticos e o uso mais criativo da linguagem, mais uma vez, podem ser enfatizados a propósito dessas passagens finais do texto. Na BNCC, a habilidade EF69LP54, por exemplo, refere-se ao trabalho com os efeitos de sentido de diferentes figuras de linguagem em gêneros em verso e prosa, destacando sua função para se caracterizarem espaços, tempos, personagens etc.

Para concluir essas propostas, sugerem-se mais algumas atividades, como as seguintes.

→ Agora releia a última fala do diálogo e responda:

> "– Não, querido, sou tua árvore da guarda e simbolizo o teu outono pessoal. Quero apenas que te outonizes com paciência e doçura. O dardo de luz fere menos, a chuva dá às frutas o seu definitivo sabor. As folhas caem, é certo, e os cabelos também, mas há alguma coisa de gracioso em tudo isso: parábolas, ritmos, tons suaves... Outoniza-te com dignidade, meu velho!"

a) Em "Outoniza-te com dignidade, meu velho!", usa-se um verbo que não está registrado no dicionário. Com base no trecho, o que "outonizar" pode significar? Explique.

b) Na frase anterior, "outonizar" aparece no imperativo ("outoniza-te"). O imperativo pode indicar diferentes funções, como a de expressar ordem, sugestão, desejo, conselho, pedido.
   → Que sentido(s) a frase dita ao cronista parece ter no diálogo?
   → O que isso mostra sobre o tipo de relação imaginada entre a árvore e o cronista?

c) Considere, mais uma vez, o diálogo como um todo. Qual o ponto de vista de cada personagem sobre "outonizar-se"?

d) Os verbos "outonear" e "outonizar" são formados da mesma palavra base. Relembre o que já observou sobre os dois verbos e responda: eles têm sentidos semelhantes na crônica? Explique.

e) Depois das reflexões que fez, responda:
   → Como se pode entender o título original da crônica ("Conversa outonal")? Tem relação com o nome do livro de 2012 (*Fala, amendoeira*)?
   → Suas hipóteses e ideias iniciais foram confirmadas? Comente.

Os itens (a), (b) e (c) concentram-se na forma e no sentido do verbo "outonizar" tal como construídos e explorados na crônica. Por meio de inferências centrípetas internas e centrífugas externas, os estudantes poderão refletir sobre o modo como cada personagem compreende o processo poeticamente descrito como "outonizar", além de pensar sobre o emprego do modo imperativo na interseção com o valor enunciativo que assume no texto. No campo da Semiolinguística, estuda-se como as formas linguísticas podem materializar diferentes relações entre os interlocutores e marcar a presença do enunciador (**modo enunciativo de organização do discurso**) pelo uso da *elocução*, interpelar e revelar a presença do outro pela *alocução* ou ocultar ambos os enunciadores, gerando, por exemplo, um efeito de aparente neutralidade do dizer pela *delocução*.

No item (d), o foco é dar destaque para a significação situada, acrescida de fatores situacionais que envolvem as identidades e as ações de cada personagem no texto. Estruturalmente, no nível da **formação dos verbos** "outonear" e "outonizar", os sufixos *-ear* e *-izar* podem, de forma geral, apontar para o mesmo sentido básico: são sufixos que indicam processos relacionados ao que o substantivo ou adjetivo base expressam. Sinalizam a ideia de que algo ou alguém se torna ou se reveste da característica que está no cerne da palavra a partir da qual o verbo se forma. Nos planos do texto e da situação, que remetem ao universo discursivo, porém, cada um desses

Para um maior detalhamento sobre o **modo enunciativo de organização do discurso** e suas estratégias de construção, ler o capítulo "Os modos de organização do discurso", neste livro.

Basílio (2011: 28) explica que a **formação de verbos** pode ocorrer com base em substantivos e adjetivos. A formação com base em "substantivos tem o objetivo de aproveitar a noção expressa pelo substantivo para designar a ação ou processo a ser expresso pelo verbo", como em "perfumar", por exemplo. Quanto à criação de verbos a partir de adjetivos, esclarece-se que "o verbo incorpora a noção que já existe no adjetivo", indicando o "processo de mudança em direção a esses estados, propriedades e condições", como se vê no caso de "agilizar" (Basílio, 2011: 29). Segundo Basílio (2011: 30-1), os sufixos mais produtivos para a formação de verbos são *-izar*, *-ar* e *-ear*. O sufixo *-ar*, mais comum, pode indicar uma série de nuances ligadas ao substantivo base (objeto da ação, agente causador, instrumento virtual) ou adjetivo base (mudança de estado). O sufixo *-izar* aparece, em geral, adjungido a adjetivos para marcar mudança de estado em novas formações verbais, principalmente no uso formal, acadêmico e técnico, como no caso de "fertilizar". Já *-ear* é um sufixo menos frequente que, quando não é usado em lugar de *-ar* por razões fonológicas (como em "presentear", por exemplo), indica um valor aspectual iterativo, denotando a frequência ou a repetição de um processo/ação, como em "golpear".

verbos assume sentidos específicos e passa a diferenciar-se por meio das articulações que se estabelecem com as personagens da crônica.

"Outonear" ganha, assim, contornos mais concretos, remetendo ao processo típico de transformação vegetal decorrente do outono, fase da natureza, estação de transição entre o verão e o inverno, como bem se lê em: "Começo a outonear. É 21 de março, data em que as folhinhas assinalam o equinócio do outono. Cumpro meu dever de árvore, embora minhas irmãs não respeitem as estações". Já "outonizar-se", inclusive pelo uso pronominal do verbo, faz menção a um processo mais subjetivo, metaforicamente associado ao período do outono: parece tratar-se de viver, com resignação e sabedoria, a fase mais tardia da vida, com suas transformações e transições, demarcando um estado mais amadurecido da alma, em que supostas perdas ou eventos melancólicos vêm acompanhados de aprendizado, já que as "as folhas caem, é certo, e os cabelos também, mas há alguma coisa de gracioso em tudo isso: parábolas, ritmos, tons suaves...".

É interessante notar, ainda, que "outonear" aparece como um verbete de dicionário e define-se por um sentido mais concreto e também por outro mais indireto, dito figurado, como se lê no *Dicionário Houaiss Eletrônico*: "1- brotar no outono; 2- derivação: sentido figurado – estar no outono da vida, na meia-idade". O termo "outonizar(-se)", por sua vez, não consta do dicionário, embora se construa, criativamente, por recursos morfológicos previstos na língua portuguesa. Isso parece autorizar a ideia de que, para demarcar sentidos diversos, a forma das palavras também se altera com apelo ao uso de outro sufixo formador de verbos (*-izar*), geralmente adjungido a **adjetivos**. É como se "outonizar(-se)", então, remetesse à ideia de se deixar tornar como o outono, outonal, por assim dizer. Explora-se a face qualificadora do nome (substantivo) "outono" tanto pelas relações que derivam do eixo da seleção e da combinação de unidades linguísticas quando se pensa na formação da palavra em si (*outon*(o) + *-izar*), quanto pela articulação do verbo com sentidos que evoca na interseção com o contexto em que aparece e em que sua significação se desenvolve na crônica.

Apesar de os **adjetivos** serem mais prototipicamente orientados para a expressão de estados, importa registrar que "substantivos também podem se referir a estados ou ter significado compatível com a mudança de estado veiculada pelo verbo. Assim, o substantivo também pode ser base da formação de verbo com o significado de mudança de estado". Um exemplo disso seria o verbo "fossilizar" (Basílio, 2011: 29-30).

Quanto ao item (e), pode-se propor também um exercício mais paulatino de reflexão sobre a formação da palavra "outonal", por comparação com formas análogas na língua (à semelhança do que se fez com "outonear"), sua função qualificadora e os sentidos que aciona no sintagma que, inicialmente, intitulou o texto. Nesse caso, espera-se que os estudantes percebam, ao menos, dois sentidos básicos: um que se liga mais ao aspecto concreto da estação do ano (o outono), apontando para uma conversa que ocorre nesse período, e outro que se vincula mais à ideia da passagem do tempo, remetendo-nos à noção de uma conversa a respeito da vida em sua fase mais madura, mais tardia. Em relação ao título do livro de 2012, a expectativa é que a turma comente o fato de que a frase "Fala, amendoeira" anuncia o próprio diálogo lido na crônica. Como se propõe, podem-se articular esses comentários às ideias e hipóteses em que o grupo já havia pensado antes mesmo de realizar a leitura mais detida do texto.

Como extensão do trabalho com a crônica, depois de se observar, no próprio texto, sua organização, temática e estilo de linguagem, destacando-se, inclusive, outros recursos linguísticos que se colocam a serviço da finalidade sociocomunicativa em jogo, uma atividade de produção textual pode ser desenvolvida. Podem-se convidar os estudantes a serem cronistas que olham de sua própria janela e, assim, escolhem um objeto, uma paisagem, um elemento com o qual possam também tecer uma conversa, um diálogo. Em paralelo à escrita, para se desenvolver a oralidade, pode-se, inclusive, organizar uma roda de conversa em que os estudantes compartilhem com os colegas, por meio de fotografias, por exemplo, os objetos e/ou paisagens que serão parte de suas crônicas, justificando suas escolhas e motivações. Esse trabalho, assim como a escrita, deve ser planejado para possibilitar aos alunos o desenvolvimento de habilidades e o uso de recursos típicos da oralidade, como estratégias de retomada e repetição de informações, formas de se manter o contato com os interlocutores com os quais se fala, aspectos prosódicos etc.

Depois da primeira versão da atividade de produção da crônica, pode-se pedir que compartilhem seus textos com os colegas e conversem sobre as impressões e reflexões suscitadas pela leitura. Também se podem realizar atividades de reescrita, a fim de se desenvolver a reflexão sobre a estrutura, a organização, a temática dos textos e os recursos linguísticos utilizados, visando à revisão textual, além de se pensar em formas de tornar a crônica mais expressiva, coesa e adequada para seus leitores em potencial.

Para propiciar uma circulação mais autêntica desses textos, podem-se reunir as crônicas em uma coletânea, com se fez com as de Drummond, originalmente publicadas em um jornal, ou afixá-las em murais na escola para que outros estudantes as leiam. Se a escola dispuser de algum tipo de jornal, blog, site ou rede social, os estudantes também podem produzir seus textos de acordo com o calendário de publicação do periódico ou a dinâmica das interfaces digitais e, assim, alimentar um espaço dedicado ao gênero crônica nesses ambientes.

Aqui, ainda que brevemente, vale ressaltar que todas as etapas mencionadas – desde o planejamento à produção e revisão do texto – devem ser organizadas passo a passo. A perspectiva de que o estudante se torne efetivamente um enunciador-cronista que vai escrever para leitores diferentes do professor-avaliador também deve ser parte constitutiva desse trabalho de produção textual. Afinal, como salienta Charaudeau, todo ato de linguagem transcorre em um quadro situacional – em que se consideram quem escreve, quem lê, sobre o que e em que circunstâncias se escreve – e também enunciativo – em que sujeitos específicos tomam a palavra e se apresentam como enunciadores em diálogo com destinatários/leitores projetados.

Com as propostas aqui compartilhadas e descritas, não esgotamos as variadas possibilidades de trabalho com a crônica de Drummond nem contemplamos, de forma aprofundada, as articulações entre leitura, produção textual (escrita e oral) e análise linguística. Tivemos por objetivo apenas oferecer caminhos e dividir materiais de base para as conexões possíveis e desejáveis que temos defendido no trabalho com a linguagem e pela linguagem, integrando seus diferentes eixos.

CONCLUINDO E CAMINHANDO PELAS PONTES (SEMPRE) EM CONSTRUÇÃO...

Neste capítulo, sintetizamos as diretrizes indicadas pelos PCN e pela BNCC para o ensino de Língua Portuguesa e discutimos, pelo prisma da Teoria Semiolinguística de Análise do Discurso, em interface com perspectivas convergentes, a importância de aproximar teoria e prática, pesquisa e ensino de Língua Portuguesa. Esse movimento focalizou, mais particularmente, o ensino de gramática por meio da análise linguística, voltada para uma postura mais reflexiva e fecunda sobre o uso da língua em textos reais e concretos. Nesse caso, as propostas descritas tomaram por base uma crônica de Carlos Drummond de Andrade.

Como ressaltamos, a par dos desafios que também se impõem no ensino de produção textual – na oralidade e na escrita – e de leitura nas escolas, o trabalho pedagógico no campo da gramática ainda é alvo de uma série de (pre)conceitos e crenças por parte não só de estudiosos como também de falantes em geral, reunindo, de forma nítida, uma série de controvérsias. Por isso, em sintonia com pesquisas que destacam a relação entre texto, gramática e ensino, partimos do princípio de que só nos comunicamos por meio de textos, os quais, por sua vez, são tecidos por formas linguísticas que concretizam efeitos de sentidos diversos ao articularem-se, inevitavelmente, com o plano contextual e discursivo em que são produzidas.

Em outras palavras, reforçamos a perspectiva de que a ampliação da competência comunicativa e linguístico-discursiva dos estudantes, uma das tarefas primordiais a ser desenvolvida no/pelo ensino básico, está intimamente vinculada ao contato com situações concretas de uso da língua, que só se realizam plenamente em textos.

Portanto, acreditamos que, na educação básica, deve-se buscar unir a descrição e a reflexão sobre formas da língua, ancoradas em conhecimentos gramaticais e lexicais, à interação, aos textos que circulam socialmente. Para contribuir com esse esforço desafiador, é fundamental estreitar o elo entre as pesquisas acadêmicas, na área de Letras e Linguística, e a prática de ensino de Língua Portuguesa na escola, visando à formação de estudantes mais conscientes dos processos de significação em nossa língua. Nesse movimento, sabe-se que o papel dos docentes junto a seus alunos ocupa lugar central, seja na universidade, seja na escola, uma vez que essa interseção possibilita a produção de saberes em redes e pode promover, inclusive, a necessária problematização das práticas pedagógicas em curso.

Assim, no diálogo que se tece entre os diferentes espaços de pesquisa e produção de conhecimento, da universidade à escola e da escola à universidade, há uma valiosa oportunidade de trocar saberes e experiências, construindo sonhos, caminhos, realidades e o que mais a língua e a linguagem permitirem. Sabemos que essa construção é trabalhosa e complexa, mas pode ser igualmente estimulante quando se pensa que a escola e a universidade podem ser mais próximas da vida e a vida pode aproximar-se mais da escola e da universidade. Este texto expressa, de algum modo, nosso genuíno desejo de que o projeto de outras conexões, renovados percursos e sólidas pontes, continue a nos unir e a nos inspirar.

Bibliografia

ADAM, Jean Michel. *Les textes*: types et prototypes – récit, description, argumentation, explication et dialogue. Paris: Nathan, 1992.

ANDRADE, Carlos Drummond de. *Fala, amendoeira*. São Paulo: Companhia das Letras, 2012.

AZEREDO, José Carlos de. *Ensino de português*: fundamentos: percursos, objetos. Rio de Janeiro: Jorge Zahar, 2007.

______. *Gramática Houaiss da Língua Portuguesa*. São Paulo: PubliFolha, 2008.

______. *A linguística, o texto e o ensino da língua*. São Paulo: Parábola, 2018.

BAKHTIN, Mikhail. *Marxismo e filosofia da linguagem*. 6. ed. São Paulo: Hucitec, 1992.

______. *Estética da criação verbal*. Trad. de Maria Ermantina Galvão G. Pereira. 2. ed. São Paulo: Martins Fontes, 1994.

BANDEIRA, Manuel. *Meus poemas preferidos*. São Paulo: Ediouro, [s.d.].

BANDEIRA, Pedro. *A droga da obediência*: a primeira aventura dos Karas. 4. ed. São Paulo: Moderna, 2009.

BARBOSA, Afranio Gonçalves; VIEIRA, Silvia Rodrigues. Apresentação. *Diadorim*. Rio de Janeiro, v. 2, n. 19, jul./dez. 2017, pp. 8-10.

BASILIO, Margarida. *Formação e classes de palavras no português do Brasil*. 3. ed. São Paulo: Contexto, 2011.

BENVENISTE, Émile. L'appareil formel de l'énonciation. *Langages*. Paris, Larousse, n. 17, mars 1970, pp. 12-8.

BEZERRA, Maria Auxiliadora; REINALDO, Maria Augusta. *Análise linguística*: afinal, a que se refere? São Paulo: Cortez, 2013.

BRAIT, Beth. *A personagem*. 8. ed. 3ª reimp. São Paulo: Ática, 2010.

BRASIL. Secretaria de Educação Fundamental. *Parâmetros curriculares nacionais*: língua portuguesa (1ª a 4ª séries) / Secretaria de Educação Fundamental. Brasília: MEC/SEF, 1997.

______. Secretaria de Educação Fundamental. *Parâmetros curriculares nacionais*: terceiro e quarto ciclos do ensino fundamental: língua portuguesa / Secretaria de Educação Fundamental. Brasília: MEC/SEF, 1998.

______. Secretaria de Educação Fundamental. *PCN + Ensino Médio*: orientações educacionais complementares aos parâmetros curriculares nacionais: linguagem, códigos e suas tecnologias. Brasília: MEC/SEF, 2000.

______. Ministério da Educação. *Base nacional comum curricular*. Proposta preliminar. Segunda versão revista. Brasília: MEC/SEF, 2016.

______. Ministério da Educação. Secretaria da Educação Básica. *Base nacional comum curricular*. Educação Infantil e Ensino Fundamental. Brasília: MEC, 2017.

______. Ministério da Educação. Secretaria da Educação Básica. *Base nacional comum curricular*. Brasília: MEC, 2018.

BRONCKART, Jean-Paul. *Atividades de linguagem, textos e discursos*: por um interacionismo sociodiscursivo. São Paulo: Educ, 1999.

CARNEIRO, Agostinho Dias. Uma sinopse de uma gramática textual. In: PAULIUKONIS, Maria Aparecida Lino; GAVAZZI, Sigrid (orgs.). *Da língua ao discurso*: reflexões para o ensino. Rio de Janeiro: Lucerna, 2005, pp. 58-74.

CHARAUDEAU, Patrick. *Grammaire du sens et de l'expression*. Paris: Hachette, 1992.

______. Une analyse sémiolinguistique du discours. *Langages*, Les analyses du discours en France. Paris, Larousse, n. 117, mars 1995, pp. 96-111.

______. De la competencia social de comunicación a las competencias discursivas. *Revista latinoamericana de estudios del discurso* – Aled, Venezuela: Editorial Latina, v. 1, n. 1, ago. 2001a, pp.7-22.

______. Uma teoria dos sujeitos da linguagem. In: MARI, Hugo et al. *Análise do discurso*: fundamentos e práticas. Belo Horizonte: Núcleo de Análise do Discurso – Fale/UFMG, 2001b, pp. 23-37.

______. Visadas discursivas, gêneros situacionais e construção textual. In: MACHADO, Ida Lúcia; MELLO, Renato de. *Gêneros*: reflexões em análise do discurso. Belo Horizonte: NAD/Fale-UFMG, 2004a, pp. 13-41.

______. A argumentação talvez não seja o que parece ser. In: GIERING, Maria Eduarda; TEIXEIRA, Marlene. *Investigando a linguagem em uso*: estudos em linguística aplicada. São Leopoldo: Ed. Unisinos, 2004b, pp. 33-44.

______. Uma análise semiolinguística do texto e do discurso. In: PAULIUKONIS, Maria Aparecida Lino; GAVAZZI, Sigrid (orgs.). *Da língua ao discurso*: reflexões para o ensino. Rio de Janeiro: Lucerna, 2005, pp. 11-29.

______. *Discurso das mídias*. São Paulo: Contexto, 2006a.

______. *Discurso político*. São Paulo: Contexto, 2006b.

______. *Linguagem e discurso*: modos de organização. Coord. da equipe de trad. Ângela Maria da Silva Corrêa; Ida Lúcia Machado. São Paulo: Contexto, 2008a.

______. L'Argumentation dans une problématique d'influence. In: *Revue Argumentation et Analyse du Discours* (AAD) n.1, L'analyse du discours au prisme de l'argumentation, en ligne (http://aad.revues.org), 2008b. Disponível em: <http://www.patrick-charaudeau.com/L-argumentation-dans-une.html>. Acesso em: 18 maio 2020.

______. Identidade social e identidade discursiva, o fundamento da competência comunicacional. In: PIETROLUONGO, Márcia (org.). *O trabalho da tradução*. Rio de Janeiro: Contra Capa, 2009, pp. 309-26.

______. Uma problemática comunicacional dos gêneros discursivos. *Revista Signos*, v. 43, suppl.1, 2010a, pp.77-90.

______. Um modelo sociocomunicacional do discurso: entre situação de comunicação e estratégias de individualização. In: STAFUZZA, Grenissa; DE PAULA, Luciane (orgs.). *Da análise do discurso no Brasil à análise do discurso do Brasil.* Uberlândia: Edufu, 2010b, pp. 259-84.

______. O contrato de comunicação em sala de aula. *Inter-Ação*, Goiânia, v. 37, n. 1, jan./jun. 2012, pp. 1-14.

______. Por uma interdisciplinaridade "focalizada" nas ciências humanas e sociais. In: MACHADO, Ida; COURA, Jerônimo; MENDES, Emília (orgs.). *A transdisciplinaridade e a interdisciplinaridade em estudos da linguagem*. Belo Horizonte: Fale/UFMG, 2013, pp. 17-47.

______. Por uma gramática do sentido em uma perspectiva didática. In: VALENTE, André. *Unidade e variação na língua portuguesa*: suas representações. São Paulo: Parábola, 2015a, pp. 244-55.

______. Identidade linguística, identidade cultural: uma relação paradoxal. In: LARA, Glaucia Proença; LIMBERTI, Rita Pacheco (orgs.). *Discurso e (des)igualdade social.* São Paulo: Contexto, 2015b, pp. 13-29.

______. Os estereótipos, muito bem. Os imaginários, ainda melhor. Trad. André Luiz Silva, Rafael Magalhães Angrisano. Fortaleza: *Entrepalavras*, v. 7, jan./jun. 2017, pp. 571-91.

______. Compréhension et interpretation: interrogations autour de deux modes d'appréhension du sens dans les sciences du langage In: ACHARD-BAYLE, Guy et al. (orgs.). *Les sciences du langage et la question de l'interprétation (aujourd'hui)*. Limoges, Les Éditions Lambert-Lucas: 2018, pp. 21-55. Disponível em português em: <https://ciadrj.letras.ufrj.br/wp-content/uploads/2019/11/ARTIGO-CHARAUDEAU-2019-3.pdf.> Acesso em: 11 mar 2020.

CHARAUDEAU, Patrick; MAINGUENEAU, Dominique. *Dicionário de análise do discurso*. São Paulo: Contexto, 2004.

DOLZ, Joaquim; SCHNEUWLY, Bernard. *Gêneros orais e escritos na escola*. Campinas: Mercado de Letras, 2004.

DOLZ, Joaquim; NOVERRAZ, Michèle; SCHNEUWLY, Bernard. Sequências didáticas para o oral e a escrita: apresentação de um procedimento. In: DOLZ, Joaquim; SCHNEUWLY, Bernard. *Gêneros orais e escritos na escola*. Trad. e org. Roxane Rojo e Glaís Sales Cordeiro. Campinas: Mercado de Letras, 2004, pp. 95-128.

EMEDIATO, Wander. Contrato de leitura, parâmetros e figuras do leitor. In: MARI, Hugo; FONSECA, Maria Nazareth Soares (orgs.). *Ensaios sobre leitura 2*. Belo Horizonte: Editora da Puc, 2007, pp. 83-98.

______. *A fórmula do texto*: redação, argumentação e leitura. São Paulo: Geração Editorial, 2010.

ESOPO. *Fábulas de Esopo*. São Paulo: Companhia das Letrinhas, 1994.

FARACO, Carlos Alberto. Gramática e ensino. *Diadorim*. Rio de Janeiro, v. 2, n. 19, jul./dez. 2017, pp. 11-26.

FÁVERO, L. L.; KOCH, I. G. V. Contribuição a uma tipologia textual. *Letras & Letras*. Uberlândia: Departamento de Letras/UFU, v. 3, n. 1, jun. 1987, pp. 3-10.

FERES, Beatriz dos Santos. A qualificação implícita no livro ilustrado "A princesa desejosa". *Signum*: Estud. Ling. Londrina, n. 15/3 (esp), dez. 2012, pp. 129-47.

______. A verbo-visualidade a serviço da patemização em livros ilustrados. *Bakhtiniana*: Revista de Estudos do Discurso. São Paulo, v. 8, n. 2, jul-dez. 2013, pp. 87-102.

FERNANDES, Millôr. *Poemas*. Porto Alegre: L&PM, 1984.

FERNANDES, Mônica Teresinha Ottoboni Sucar. *Trabalhando com os gêneros do discurso*: narrar: fábula. São Paulo: FTD, 2001.

FRANCHI, Carlos. *Mas o que é mesmo "gramática"?* São Paulo: Parábola, 2006.

______. Criatividade e gramática. *Trabalhos em Linguística Aplicada*, v. 9, n. 1, 14 dez. 2012 [1987], pp. 5-45. Disponível em: <https://periodicos.sbu.unicamp.br/ojs/index.php/tla/article/view/8639037>. Acesso em: 10 jun. 2020.

GARCIA, Othon Moacir. *Comunicação em prosa moderna*. 16. ed., Rio de Janeiro: FGV, 1995.

GERALDI, João Wanderley. *Portos de passagem*. 4. ed. São Paulo: Martins Fontes, 1997.

______. (org.). *O texto na sala de aula*: leitura e produção. Cascavel: Assoeste, 2011 [1984].

HALLIDAY, M. A. K. *An Introduction to Functional Grammar*. 2. ed. London: Arnold, 1994.

KOCH, Ingedore. *Parâmetros curriculares nacionais, linguística textual e ensino de línguas*. Mimeo. II Encontro Nacional de Ciências da Linguagem Aplicadas ao Ensino, GELNE, João Pessoa, setembro de 2003.

KOCH, Ingedore Villaça; BENTES, Anna Christina; CAVALCANTE, Mônica Magalhães. *Intertextualidade*: diálogos possíveis. 2. ed. São Paulo: Cortez, 2008.

KOCH, Ingedore Villaça; ELIAS, Vanda Maria. *Escrever e argumentar*. São Paulo: Contexto, 2016.

HOUAISS, Antônio; VILLAR, Mauro; FRANCO, Francisco Manoel de Mello. *Dicionário Houaiss da Língua Portuguesa*. Rio de Janeiro: Objetiva, 2001.

LA FONTAINE, Jean. A cigarra e a formiga. *Fábulas de La Fontaine*. Trad. Bocage. Rio de Janeiro: Editora Brasil, 1985.

LINS, Maria Penha. Lendo o humor nos quadrinhos. In: ELIAS, Vanda Maria. *Ensino de língua portuguesa*: oralidade, escrita, leitura. São Paulo: Cortez, 2011, pp. 215-26.

LOBATO, Monteiro. A formiga boa; A formiga má. *Fábulas*. São Paulo: Melhoramentos, 1994.

LUFT, Lya. A força das palavras. *Veja*, 14 jul. 2004.

MACHADO, Ida Lúcia. Uma teoria de análise do discurso: a semiolinguística. In: MARI, Hugo et al. *Análise do discurso*: fundamentos e práticas. Belo Horizonte: Núcleo de Análise do Discurso – Fale/UFMG, 2001, pp. 39-62.

MAINGUENEAU, Dominique. *Análise de textos de comunicação*. Trad. Cecília P. de Souza-e-Silva; Décio Rocha. 5. ed. São Paulo: Cortez, 2008.

MARCUSCHI, Luiz Antônio. Gêneros textuais: definição e funcionalidade. In: DIONÍSIO, Angela Paiva; MACHADO, Anna Rachel; BEZERRA, Maria Auxiliadora. *Gêneros textuais & ensino*. Rio de Janeiro: Lucerna, 2002, pp. 19-36.

______. *Produção textual, análise de gêneros e compreensão*. São Paulo: Parábola, 2008.

MARI, Hugo; SILVEIRA, J. C. C. Sobre a importância dos gêneros discursivos. In: MACHADO, Ida Lúcia; MELLO, Renato (orgs.). *Gêneros*: Reflexões em análise do discurso. Belo Horizonte: NAD/Fale/UFMG, 2004, pp. 59-74.

MARTINS, Jorge S. *Redação publicitária*: teoria e prática. 2. ed. São Paulo: Atlas, 1997.

MENDONÇA, Márcia. Análise linguística no ensino médio: um novo olhar, um outro objeto. In: BUNZEN, Clécio; MENDONÇA, Márcia (orgs.). *Português no ensino médio e formação do professor*. São Paulo: Parábola, 2006, pp. 199-226.

MONNERAT, Rosane Santos Mauro. *A publicidade pelo avesso*. Niterói: Eduff, 2003.

MONNERAT, Rosane Santos Mauro; VIEGAS, Ilana Rebello. *Português I*, v. 2. Rio de Janeiro: Fundação Cecierj, 2012.

MORIN, Edgar. *A cabeça bem-feita*: repensar e reforma, reformar o pensamento. 15. ed. Rio de Janeiro: Bertrand Brasil, 2008.

NEVES, Maria Helena de Moura. *Que gramática estudar na escola?* Norma e uso na língua portuguesa. São Paulo: Contexto, 2003.

OUTONEAR. *Dicionário eletrônico Houaiss da língua portuguesa*. Rio de Janeiro: Objetiva, 2009. cd-rom.

PAIXÃO, Fernando. Poema em prosa: problemática (in)definição. *Revista brasileira*, v. 75, 2013, pp. 151-62.

PAULIUKONIS, Maria Aparecida Lino et al. A Enunciação enunciada: reflexões sobre o diálogo entre linguística do texto e semiolinguística do discurso. *(Con)textos Linguísticos*, v. 13, 2019, pp. 135-58.

PERINI, Mario. Defino minha obra gramatical como a tentativa de encontrar resposta às perguntas: por que ensinar gramática? Que gramática ensinar? In: NEVES, Maria Helena de; CASSEB GALVÃO, Vânia (orgs.). *Gramáticas contemporâneas do português*: com a palavra os autores. São Paulo: Parábola, 2014.

QUEIRÓS, Bartolomeu Campos de. *Sobre ler, escrever e outros diálogos*. Org.: Júlio Abreu. 1. ed. digital. São Paulo: Global, 2019.

QUINO. *O irmãozinho de Mafalda*. Trad. André Sthael Silva. São Paulo: Martins Fontes, v. 6, 1999, p. 41.

REBELLO, Ilana da Silva. *Conteúdos de interpretar*: a leitura como passaporte para a interação com o mundo. Niterói, 2009. Tese (doutorado em Letras). Instituto de Letras, Universidade Federal Fluminense.

ROJO, Roxane; MOURA, Eduardo. *Letramentos, mídias, linguagens*. São Paulo: Parábola, 2019.

SEARLE, John Rogers. *Speech Acts*: An Essay in the Philosophy of Language. Cambridge University Press, 1969.

SOARES, Magda Becker. Prefácio. In: BATISTA, Antônio Augusto Gomes. *Aula de português*: discurso e saberes escolares. São Paulo: Martins Fontes, 1997.

TEIXEIRA, Lúcia. Entre dispersão e acúmulo: para uma metodologia de análise de textos sincréticos. *Gragoatá*. Niterói, n. 16, 1º sem. 2004, pp. 229-42.

TRAVAGLIA, Luiz Carlos. Composição tipológica de textos como atividade de formulação textual. *Revista do Gelne*. Fortaleza: Grupo de Estudos Linguísticos do Nordeste / Universidade Federal do Ceará, v. 4, n. 1/2, 2002, pp. 32-7.

______. *Gramática*: ensino plural. São Paulo: Cortez, 2003.

VAZ NUNES. Disponível em: < http://www.embuscadaautoria.com/2013/11/as-fabulas-em-dialogo-com-vida.html>. Acesso em: 1º maio 2020.

VERISSIMO, Luis Fernando. “Maria”. *Estadão*, 27 fev. 2020.

VIEIRA, Silvia Rodrigues. Três eixos para o ensino de gramática. In: VIEIRA, Silvia Rodrigues (org.). *Gramática, variação e ensino*: diagnose e propostas pedagógicas. São Paulo: Blucher Open Access, 2018, pp. 47-59.

XAVIER, Glayci Kelli. Leitura de quadrinhos: a construção do modo narrativo na revista Turma da Mônica Jovem. In: FERES, Beatriz; MONNERAT, Rosane (orgs.). *Análises de um mundo significado*: a visão semiolinguística do discurso. Niterói: Eduff, 2017, pp. 113-30.

As autoras

Beatriz Feres é professora-associada do curso de Letras da Universidade Federal Fluminense (UFF). Atua no Programa de Pós-Graduação em Estudos da Linguagem, na linha de pesquisa Teorias do Texto, do Discurso e da Tradução. É líder do grupo de pesquisa Leitura, Fruição e Ensino (LeiFEn/UFF/CNPq) e membro de Grupo de Trabalho Linguística de Texto e Análise da Conversação da Anpoll. Temas de interesse: leitura, intepretação, literatura infantil, verbo-visualidade.

Eveline Coelho Cardoso é doutora em Estudos da Linguagem pela Universidade Federal Fluminense (UFF), com mestrado na mesma instituição e graduação e especialização em Letras pela Faculdade de Formação de Professores da Universidade do Estado do Rio de Janeiro (UERJ). Com experiência em todas as etapas da educação básica pública, atualmente é professora de Língua Portuguesa da Rede Municipal de Educação de Teresópolis (RJ). Prêmio HQ Mix 2019 na categoria tese de doutorado, desenvolve pesquisas sobre textos verbo-visuais, em especial charges e outros quadrinhos.

Glayci Xavier é professora adjunta do curso de Letras da Universidade Federal Fluminense (UFF). Foi professora da educação básica por 21 anos. Trabalhou no Colégio Pedro II. É vice-líder do Laboratório de Estudo de Práticas Educativas em Língua Portuguesa e Literatura (LEPELL/CPII/CNPq) e membro do grupo de pesquisa Leitura, Fruição e Ensino (LeiFEn/UFF/CNPq). Sua pesquisa tem como principal foco os textos argumentativos, os modos de organização do discurso, os textos verbo-visuais, sobretudo os quadrinhos, e o ensino de língua e literatura.

Ilana da Silva Rebello é professora-associada de Língua Portuguesa da Universidade Federal Fluminense (UFF), vinculada à linha de pesquisa Teorias do Texto, do Discurso e da Tradução do Programa de Pós-graduação em Estudos da Linguagem. Atua também no curso de Letras, na modalidade EAD, do CEDERJ/UFF desde 2012. Já atuou (1999-2011) como professora de Língua Portuguesa na Prefeitura de São Gonçalo e de Niterói, na Secretaria Estadual de Educação e na Fundação de Apoio à Escola Técnica (FAETEC). Temas de interesse: mídia, leitura, interpretação e escrita.

Nadja Pattresi é professora adjunta de Língua Portuguesa da Universidade Federal Fluminense (UFF). Tem experiência na rede pública e privada de ensino, nos segmentos fundamental, médio e superior. Membro do grupo de pesquisa Leitura, Fruição e Ensino (LeiFEn/CNPq) e do Grupo de Estudos e Pesquisa em Leitura e Escrita Acadêmica (GEPLEA/UFF). Desenvolve pesquisas no campo do texto, do discurso e do ensino de língua. Coautora do projeto Apoema Português (2018), coleção de livros didáticos de Língua Portuguesa para os anos finais do ensino fundamental.

Patricia Neves Ribeiro é professora-associada de Língua Portuguesa da Universidade Federal Fluminense (UFF), vinculada ao Programa de Pós-Graduação em Estudos da Linguagem, na linha de pesquisa Teorias do Texto, do Discurso e da tradução. Atuou em escolas da educação básica da rede pública (FAETEC) e particular. É vice-líder do grupo de pesquisa Leitura, Fruição e Ensino (LeiFen/CNPq) e membro do GT Linguística de Texto e Análise da Conversação da Anpoll. Temas de interesse: leitura e escrita na interface linguagem/mídia e linguagem/literatura infantil e ensino de língua.

Rosane Monnerat é professora titular do curso de Letras da Universidade Federal Fluminense (UFF). Atua no Programa de Pós-Graduação em Estudos da Linguagem, na linha de pesquisa Teorias do Texto, do Discurso e da Tradução. Temas de interesse: interface linguagem e sociedade, construção de imagens sociais em diferentes gêneros textuais. É uma das tradutoras do livro *Linguagem e discurso*, de Patrick Charaudeau, e coautora do livro *Linguística textual e ensino*, ambos da Editora Contexto.

Agradecimentos

As organizadoras e as autoras agradecem pela autorização de reprodução, neste livro, de obras de seus respectivos direitos autorais: a Ivan Rubino Fernandes e à Agência Riff pelo texto "A cigarra e a formiga", de Millôr Fernandes (p. 25); a Luis Fernando Verissimo e à Agência Riff pelo texto "Maria" (p. 88); à PS MEDIA e a seu diretor comercial Fred Pistilli pela imagem do outdoor (p. 104); ao quadrinista Alexandre Beck pelas tirinhas do Armandinho (pp. 83 e 108); a Caco Ishak pelo texto "A live" (p. 113); a Rodrigo Brum pela charge (p. 136); ao cartunista Marcos de Souza, o Quinho, por sua charge (p. 149); aos herdeiros de Carlos Drummond de Andrade e à Agência Riff pela crônica "Conversa outonal" (p. 163-4).

GRÁFICA PAYM
Tel. [11] 4392-3344
paym@graficapaym.com.br